CB122918

DIREITO DE FAMÍLIA EM TEMPOS LÍQUIDOS

DIREITO DE FAMÍLIA EM TEMPOS LÍQUIDOS

2021

Yves Alessandro Russo Zamataro

ALMEDINA

DIREITO DE FAMÍLIA EM TEMPOS LÍQUIDOS
© Almedina, 2021
AUTOR: Yves Alessandro Russo Zamataro

DIRETOR ALMEDINA BRASIL: Rodrigo Mentz
EDITORA JURÍDICA: Manuella Santos de Castro
EDITOR DE DESENVOLVIMENTO: Aurélio Cesar Nogueira
ASSISTENTES EDITORIAIS: Isabela Leite e Larissa Nogueira

DIAGRAMAÇÃO: Almedina
DESIGN DE CAPA: FBA

ISBN: 9786556272238
Maio, 2021

Dados Internacionais de Catalogação na Publicação (CIP)
(Câmara Brasileira do Livro, SP, Brasil)

Zamataro, Yves Alessandro Russo
Direito de família em tempos líquidos / Yves Alessandro Russo Zamataro. -- 1. ed. -- São Paulo : Almedina, 2021.

Bibliografia
ISBN 978-65-5627-223-8

1. Direito civil 2. Direito de família 3. Direito de família - Brasil 4. Direito de família - Legislação - Brasil I. Título.

21-59587 CDU-347.6(81)

Índices para catálogo sistemático:

1. Brasil : Direito de família : Direito civil 347.6(81)
Maria Alice Ferreira - Bibliotecária - CRB-8/7964

Este livro segue as regras do novo Acordo Ortográfico da Língua Portuguesa (1990).

Todos os direitos reservados. Nenhuma parte deste livro, protegido por copyright, pode ser reproduzida, armazenada ou transmitida de alguma forma ou por algum meio, seja eletrônico ou mecânico, inclusive fotocópia, gravação ou qualquer sistema de armazenagem de informações, sem a permissão expressa e por escrito da editora.

EDITORA: Almedina Brasil
Rua José Maria Lisboa, 860, Conj.131 e 132, Jardim Paulista | 01423-001 São Paulo | Brasil
editora@almedina.com.br
www.almedina.com.br

"O mundo líquido é onde eu diluo a autoridade, onde as realidades são rápidas. Vivemos mudanças permanentes e as mudanças não dependem da minha consciência, da minha vontade ou não vontade e só tenho duas opções: ou eu me transformo rapidamente junto ou eu paro e a transformação passa por mim."

Leandro Karnal

Dedico este livro aos meus pais, Elisa (in memoriam) e Sidney (in memoriam), que me deram a vida e me ensinaram os seus reais valores: dignidade, integridade, honestidade e, principalmente, a lutar por mim e por todos que necessitam, defendendo a verdadeira justiça, acima de tudo. Meu amor e toda minha gratidão, sempre.

Dedico à minha irmã, Tania, por tudo que ela representa para mim e por sempre estar a meu lado. Principalmente, nos momentos em que eu mais precisei.

Dedico, por fim, à minha família e a todos os meus amigos que me incentivaram e apoiaram na realização desse sonho.

AGRADECIMENTOS

Ao Dr. Marcelo Angélico, por ter me incentivado a escrever no *blog* de seu escritório e fazer renascer esse antigo prazer adormecido.

Ao Professor Doutor Jorge Shiguemitsu Fujita por todos os seus ensinamentos, incentivo e, principalmente, por acreditar na minha capacidade de realizar esse sonho.

Ao meu grande amigo Leandro Karnal, primeiramente, por sua amizade de longa data, por todas as nossas conversas, conselhos e orientações.Ter um prefácio escrito por você, em minha primeira obra, é uma honra. Obrigado por tudo.

NOTA DO AUTOR

O sonho de escrever um livro já me acompanhava há anos. Faltava coragem e, principalmente, acreditar na minha capacidade.

Eu sempre gostei de escrever. Talvez, por isso, tenha optado por cursar humanas, no colégio e, posteriormente, Direito, na faculdade. Minha mãe foi, com certeza, minha maior incentivadora. Ainda me lembro de todas as vezes em que ela me elogiava dizendo que eu escrevia bem. Mas sabe como é: Mãe é sempre suspeita. Rs. O tempo passou, prioridades surgiram e esse prazer ficou em segundo plano.

Há oito anos, o escritório em que eu trabalhava possuía um *site* e um *blog*. Nessa ocasião, meu chefe convidou-me a participar desse *blog*, redigindo artigos. O primeiro foi tímido: insegurança total. No segundo, mais confiança, principalmente na escolha do tema: polêmico e envolvendo direito de família, área do Direito de que sempre gostei, mas na qual nunca havia atuado. Era até engraçado. Eu atuava, principalmente, em contencioso cível , defesa de instituições financeiras, e passei a escrever só sobre direito de família.

O mais curioso foi perceber que meu chefe gostava dos meus artigos, a ponto de me pedir, algumas vezes, que substituísse colegas que, por algum motivo, não podiam escrever. Alguns artigos foram até publicados em outros sites e geraram grande repercussão, a ponto de ser entrevistado por uma rádio e, em outra ocasião, por alunos de uma renomada faculdade de direito. Infelizmente, circunstâncias alheias fizeram com que eu me afastasse desse escritório e, consequentemente, parasse de escrever.

Em 2018, resolvi fazer minha segunda pós-graduação. Desta vez em Direito de Família e Sucessões. Estava diante de um novo desafio, pois, ao final, teria que fazer um Trabalho de Conclusão de Curso e desenvolver mais profundamente qualquer assunto que escolhesse sobre uma dessas áreas que sempre me atraíram.

Qual não foi minha surpresa, ao saber que teria que desenvolver um artigo científico. O tema escolhido? "Adoção por casais homoafetivos e o Princípio do melhor interesse para a criança e o adolescente"; um dos artigos que, hoje, compõe este livro. Com a orientação de um grande mestre e um excelente professor, o resultado não poderia ser melhor: o único da turma a receber a nota máxima.

Paralelamente, enquanto redigia o artigo, esse mesmo mestre convidou-me a participar de seu Grupo de Trabalho e Pesquisa Família – Grupos Sociais e Informação, do Curso de Mestrado do Centro Universitário das Faculdades Metropolitanas Unidas – FMU.

Um dos trabalhos propostos nesse grupo era desenvolvermos artigos científicos que poderiam, se aprovados, serem apresentados e, posteriormente, publicados, no I Congresso Internacional *Information Society and Law*. Incentivado por ele, elaborei um novo artigo e o submeti à avaliação dos responsáveis pelo Congresso. Algumas semanas depois, fui surpreendido com a informação de que o artigo fora aprovado e que eu deveria apresentá-lo, o que acabou ocorrendo em novembro de 2018.

Felizmente, tive a oportunidade de ver essa história se repetir em novembro de 2019, e um novo artigo foi redigido, aprovado e apresentado no II Congresso Internacional *Information Society and Law*.

Ao mesmo tempo em que escrevia esses artigos, a vontade de escrever crescia mais e mais, e novos artigos foram criados.

De repente, surgiu a ideia: por que não realizar meu sonho antigo de publicar um livro? E por que não iniciar efetuando uma coletânea dos meus artigos?

O resultado está aí. Espero que gostem. Não tenho a pretensão de inovar e, muito menos, impor minhas opiniões. Meu objetivo maior é trazer informações, expor ideias, pensamentos, que possam auxiliar os leitores a formarem suas próprias opiniões acerca dos temas aqui tratados.

PREFÁCIO
O MUNDO LÍQUIDO E AS TÁBUAS DAS LEIS

Leandro Karnal (IFCH – Unicamp)

Quando Moisés desceu com o decálogo, existia uma vontade legiferante que se confundia com a eternidade do Autor. Com menor pretensão metafísica, os romanos colocaram sobre XII Tábuas as leis, orais até então. Muitos códigos tinham aquilo que, depois, seria alçado à categoria de "*jus cogens*": normas inderrogáveis, permanentes, que obriguem a todos, "erga omnes", latinismos que mal disfarçam a pretensão imperativa e eterna. O grande anseio de alguns legisladores é um texto perene, imune à hermenêutica, como se tal fora possível. Homens de carne, valores de vapor e vaidades adamantinas: união instável e, quase sempre, autoritária.

A lei de anelo eterno esbarra nas mudanças sociais e produz o drama da paralaxe dialética entre o desejo pétreo e a realidade líquida do mundo. No roçar das engrenagens do real, guardar o sábado vira descansar aos domingos, e não cobiçar a mulher do próximo esboça curiosa limitação de gênero com a ascensão do feminino como força autônoma. A lei revela a volatilidade histórica e acaba denunciando sua inserção em circunstâncias humanas de seus preclaros proponentes. O real erode o ideal, o circunstancial abala o perene e, como lembra Hamlet no seu monólogo, a consciência (eu acrescentaria o sentido prático) nos acovarda e as decisões resolutas vão empalidecendo e mudando o sentido. A lei pretende congelar a resolução primeira e o espaço de cada amanhecer traz a realidade de Heráclito: *panta rei*. Tudo flui porque tudo é humano. Como resolver o dilema?

As leis surgem e suscitam a trajetória de contrapor a intenção do legislador e o uso dos súditos/cidadãos. Não mudam apenas os códigos, mudam, acima de tudo, os valores que originaram ordenamentos. Personificando antigo adágio que eclesiásticos desenvolveram, quando a "Igreja esposa uma era, fica viúva na seguinte". Todas as vezes que eu torno meus valores plenamente adaptados ao "século", o tempo passa célere e o anacronismo é inevitável. Em qual velocidade eu deveria mudar se a lei é, por natureza, referência e estabilidade?

Lembro-me do exemplo que meu pai usava, jurista experimentado e algo cético, sobre a continuidade do dote da noiva que, concebido por um código de 1916, sobrevivia como um fantasma exangue pelas muralhas do real. O casamento do código já era datado na Grande Guerra quando o Rio de Janeiro era nossa capital e o mineiro Wenceslau Brás Pereira Gomes dirigia o Executivo nacional. Porém, tal como na época da construção da Sé de Braga, a lei ditava que o dote deveria ser restituído pelo marido à mulher ou a seus herdeiros dentro do mês que se seguisse à dissolução da sociedade matrimonial (artigo 300 do Código Civil, lei 3071, de janeiro de 1916). Quem dos nossos leitores ouviu falar de "dote matrimonial"? Bem, o ditame jurídico permaneceu além, muito além, da prática social. O direito cumpria uma função arqueológica ou memorial: revelava um mundo que passou e não dialogava com o mundo contemporâneo. Na pretensão de desposar uma era eterna, o código enviuvou da realidade circunstante.

A velocidade das mudanças solapou expressões como "pátrio poder", "mulher honrada" ou o citado "dote". O mundo não muda mais ao longo de gerações, muda em meses. A chamada pós-modernidade acelerou a obsolescência, merecendo a feliz expressão da Zygmunt Bauman: mundo líquido. Como é impossível ter uma nova constituição ou novos códigos civil e penal a cada atualização de um aplicativo de *internet*, surgem hiatos compreensíveis e um imperativo de hermenêutica renovado. Por mais recente que seja a lei, é necessário entender alguns princípios e valores que ela consagrou. Atualizar o texto em si é sempre importante, reforçar nossa capacidade interpretativa é ainda mais urgente. O risco do rigor absoluto como refúgio contra a insegurança é a atualização do "*fiat justitia, pereat mundus*" com sentido trágico. O fim da lei é a harmonização do mundo e não sua destruição. Os fundamentalistas das religiões e do direito são danosos e, no limite, muito perigosos. Atrás de um fundamentalista há sempre um grande projeto de poder.

Yves Alessandro Russo Zamataro é um antigo e dileto amigo que tive o privilégio de acompanhar em muitos momentos de glória profissional e de percalços pessoais inerentes a todos nós. Ser bacharel em Direito com o nome do padroeiro dos advogados (Santo Ivo ou Saint Yves, em francês) é quase uma profecia, como seria um historiador Heródoto, um médico Hipócrates ou um químico Lavoisier. Com prazer recebi os originais do predestinado Yves com artigos sobre áreas de vanguarda dos dilemas sociais. Li e aprendi muito. Aceitei escrever um breve prefácio que trouxesse a reflexão de um estranho ao mundo dos causídicos e legistas.

Os alunos foram treinados em direito constitucional, os especialistas cresceram tratando de usucapião e divisão de bens após o divórcio de um homem e de uma mulher. Eis que, não mais que de repente, surgem trisais, relações poliafetivas, adoção de crianças por duas mulheres ou dois homens, desponta o *cyberbullying* e o clássico adultério gira ao redor do eixo virtual como novo espaço de infração da fidelidade jurada. Como pensar e legislar, como acompanhar a multifacetada história da espécie humana que saiu de qualquer modelo canônico? Sempre fomos diversos e nada de muito novo surgiu agora, todavia o que antes era vivido sob penumbras e entre sussurros, hoje é escancarado e exige a luz da praça pública. Quase todos, especialmente os que precisam administrar o mosaico atual em tribunais e escritórios, ficam perdidos e atônitos.

Se a legislação trata da gravidez desde o código de Hamurabi, como reagir à "barriga de aluguel" atual? Como pensar a nova concepção ética e familiar e a questão da agressão física a filhos? O quarto mandamento fraqueja entre muitos e surgem leis para falar de "abandono afetivo inverso", pais idosos negligenciados por filhos ingratos. Como preservar alguma coerência jurídica, defender o direito da terceira idade e de crianças e ainda caminhar com senso de realismo em meio a uma liquidez quase embriagante?

O caminho que o advogado Yves seguiu é o de buscar a reflexão contemporânea, a legislação existente, as sentenças já prolatadas, a comparação com a situação de outros países (direito comparado) e o bom-senso na busca de princípios que tentem terraplenar uma parte do abismo entre o que temos no papel e as práticas sociais. Os profissionais da área e o público em geral encontrarão um texto denso, bem embasado, sério e sem paixões extremas, sempre focado no senso de justiça e de proteção a vulneráveis. O que antes era um lusco-fusco bruxuleante fica, agora, clareado por boa doutrina e luminosa escrita. Restam dúvidas, assumidas pelo autor no seu texto. Poderia ser diferente? Hoje, quem afirma ter certeza absoluta de tudo é porque, unicamente, encontrou no dogmatismo cego um antídoto contra o niilismo que sobe pelas entranhas trêmulas de tantos. O contraditório sempre marchou ao lado do bom direito.

Um novo mundo necessita de novos intérpretes e de novos legisladores. Conceitos tradicionais foram pulverizados e sempre assomam, aqui e acolá, apocalípticos que confundem o fim do seu mundo com o fim do mundo. O mundo, teimoso ao extremo, não termina, todavia muitos mundos se desintegram no girar de um planeta ainda, oficialmente, redondo. E como as esferas fixas do céu sobre uma Terra plana constituem-se em delírio puro, resta o cosmos que explode em supernovas, colapsa em buracos negros e solapa a fixidez real e imaginada. Sob um céu cambiante gira nossa bola azul com bilhões de cabeças distintas e concepções diversas. Ler o livro de Yves Zamataro ajuda a evitar a mumificação precoce que muitos desejam ao descerem do Sinai jurídico com seus valores datados e infelizes. Apesar de justiça ser um conceito abstrato e histórico, há uma cláusula de "*jus cogens*", ela sempre será antropocêntrica e voltada ao mundo do burburinho histórico que, para nossa sorte, muda sempre. Sem a Humanidade não existe o Direito e os humanos, somos, invariavelmente, diversos. Toda lei deve estar atenta a isso.

SUMÁRIO

1.
ABANDONO AFETIVO INVERSO COMO CAUSA DE DESERDAÇÃO E POSSIBILIDADE DE INDENIZAÇÃO POR DANOS MORAIS

Introdução

O abandono afetivo inverso consiste na ausência de cuidados dos filhos para com os seus genitores, na maior parte dos casos, os idosos. Ele está relacionado a um dano que não poderá ser estimado com finalidade pecuniária, visto que atinge diretamente o psicológico, tornando-se difícil medir o grau de sofrimento causado à vítima.

Pretende-se demonstrar que o assunto é de extrema importância e relevância no âmbito jurídico e nas relações humanas, uma vez que o descumprimento dessa obrigação, de fato, viabiliza a compensação por danos morais, bem como deve dar causa à deserdação.

Há abandono quando os familiares da pessoa idosa, em específico os filhos, deixam de fornecer necessidades básicas para uma vida digna, bem como a ausência de amor e carinho na fase na qual mais precisam de atenção. É preciso levar em consideração que a falta de afeto gera ao idoso graves conseqüências; desde sentimento de solidão e desamparo, acentuando doenças, acarretando isolamento social e, em casos extremos, a perda do interesse pela vida.

Portanto, este trabalho mostra o abandono afetivo inverso como conduta ilícita, figurando indenização por danos morais sob a responsabilidade do filho pelo não cumprimento mínimo de afeto e atenção e, ainda, a necessidade de incluí-lo no rol taxativo, previsto em nossa legislação, das causas ensejadoras de deserdação.

A fim de justificar o ponto de vista apontado no presente trabalho, buscou-se auxílio nos princípios norteadores do direito, tais como no da dignidade da pessoa humana, da afetividade e da solidariedade, bem como na análise de dispositivos da Constituição Federal de 1988, Código Civil de 2002 e Estatuto do Idoso.

1. Proteção do idoso no direito brasileiro

Os idosos são indivíduos detentores de direitos que precisam ser garantidos pelo Estado, família e sociedade.

O Estatuto do Idoso, em seu artigo primeiro, utiliza um único critério para definir o idoso: a idade. Portanto, legalmente, enquadram-se nessa categoria as pessoas de idade igual ou superior a 60 (sessenta) anos.

O envelhecimento é um fato natural, inevitável, inerente à pessoa humana, e que, consequentemente, modifica tanto os aspectos físicos, quanto os psicológicos. É um fenômeno que só pode ser entendido na totalidade, sendo, portanto, também, um efeito sociocultural (VARGAS, 1983, p.75).

É pertinente destacar que o envelhecimento não implica a perda da capacidade, pois o idoso não deixa de ser cidadão e sujeito de direitos fundamentais. Apenas surge a necessidade de uma tutela especial dedicada às pessoas idosas, por sua maior vulnerabilidade.

A respeito das mudanças que surgem com o envelhecimento, somam-se, perfeitamente, as brilhantes considerações de Altair Loureiro:(1988, p.22)

> É difícil alguém se aperceber quando a velhice se instala em si mesmo. É comum a surpresa no encontro, após longo tempo, com os amigos contemporâneos, quando acontece a percepção das marcas do passar inexorável do tempo nestes, o que obviamente em ambos ocorreu. Diante do espelho, é mais comum pensar que ele mente, que a imagem está deformada por culpa do espelho que já não reproduz bem a imagem diferente, de pele rugosa, opacidade no olhar e tremor no corpo, é difícil a aceitação da realidade dura da mudança física da aparência, até pouco tempo plena de frescor, cor e postura firme, substituída pelo decadente corpo que se torna decrépito, a cada dia.

A Constituição Federal retrata a proteção do idoso de forma genérica, ao mencionar, no art. 3° inciso IV, que se deve promover o bem de todos sem discriminação, em face da idade:

> Art.3º: Constituem objetivos fundamentais da República Federativa do Brasil:
>
> IV – promover o bem de todos, sem preconceitos de origem, raça, sexo, cor, idade e quaisquer outras formas de discriminação.

O artigo 229 desse dispositivo legal contém, explicitamente, comandos referentes à proteção do idoso. O *caput* diz que: "os filhos maiores têm o dever de ajudar e amparar os pais na velhice, carência ou enfermidade" (BRASIL, 1988). No artigo seguinte, o texto constitucional atribui a três instituições o dever de zelar pela dignidade e bem-estar, bem como a garantia do direito à vida desse grupo populacional: A família, a sociedade e o Estado. Assim, pode-se extrair que o dever de cuidar dos idosos ultrapassa o ambiente familiar, objetivando, portanto, a máxima efetividade de seus direitos fundamentais e atendimento de suas necessidades básicas.

1.1. O Estatuto do Idoso

O Estatuto do Idoso foi aprovado em 2003, com o objetivo de garantir sua dignidade.

A importância do referido Estatuto justifica-se pela necessidade de uma tutela especial para os idosos, dada a presença de situações de risco a que estão expostos, sempre que ameaçados ou violados os seus direitos. Os incisos do artigo 43 do texto legal expõem tais hipóteses de violação ao direito do idoso. São elas: a ação ou omissão da sociedade ou do Estado; falta, omissão ou abuso da família, pais, responsáveis, curador ou entidade de atendimento, em razão de sua conduta ou condição pessoal.

É válido ressaltar que o texto normativo não indica apenas direitos, como também reafirma o papel obrigatório da família, da comunidade, da sociedade e do poder público na concretização das disposições ali contidas. Trata, ainda, de assuntos como os direitos fundamentais aos alimentos, o acesso à justiça, as medidas específicas de proteção da pessoa idosa e tantos outros assuntos. Aborda as garantias de prioridade, vedando qualquer tipo de negligência, discriminação, violência, crueldade e opressão para com o idoso, sob pena de punição do responsável.

2. Principais princípios que norteiam a proteção dos idosos

Após a Constituição de 1988, os princípios ganharam relevância no cenário do direito brasileiro, especialmente com o alargamento das garantias fundamentais para os diplomas infraconstitucionais, graças à sua eficácia irradiante. Revelam um norte a ser seguido pelo operador de direito, de modo a contemplá-los na maior efetividade possível na análise do caso concreto.

Dessa forma, os princípios estruturam o sistema jurídico, encadeando a ideia principal que dará rumo às demais interpretações possíveis, de forma a manter a coerência na busca pelo ideal de justiça, abrindo os horizontes de aplicação ao operador do direito no ímpeto de otimizar direitos e garantias previstas, sempre à luz da Constituição Federal.

2.1. Princípio da dignidade da pessoa humana

É importante analisar a definição da dignidade humana a partir da observância dos direitos fundamentais, da obtenção de mínimas condições para uma vida autônoma e saudável. Nesse sentido, traz-se à baila o conceito de dignidade apresentado por Ingo Wolfgang Sarlet, que assim o definiu: (2001, p.60)

> Assim sendo, temos por dignidade da pessoa humana a qualidade intrínseca e distintiva de cada ser humano que o faz merecedor do mesmo respeito e consideração por parte do Estado e da comunidade, implicando, neste sentido, um complexo de direitos e deveres fundamentais que assegurem a pessoa tanto contra todo e qualquer ato de cunho degradante e desumano, como venham a lhe garantir as condições existenciais mínimas para uma vida saudável, além de propiciar e promover sua participação ativa e corresponsável nos destinos da própria existência e da vida em comunhão com os demais seres humanos."

Como preconiza Liane Maria Busnello Thomé: (2010, p.49-51)

> O princípio da dignidade da pessoa humana visa a garantir a proteção ao ser humano não apenas para assegurar um tratamento humano e não degradante, mas onde a vulnerabilidade humana se manifestar, de modo que terão procedência os direitos e as prerrogativas de determinados grupos, de uma maneira ou outra, frágeis e que estão por exigir uma proteção especial da lei, como o caso das crianças, idosos, deficientes físicos e os membros da família.

A Constituição Federal, ao estabelecer direitos aos idosos, está, de fato, amparando a dignidade dessa parte da população mais vulnerável. No mesmo sentido, a Política Nacional do Idoso (Lei 8.842/94) e o Estatuto do Idoso (Lei 10.741/2003).

2.2. Princípio da solidariedade familiar

Um dos principais elementos da família, enquanto geradora de direitos e deveres tutelados por nosso ordenamento jurídico pátrio, é a solidariedade recíproca, o auxílio mútuo entre pais e filhos para garantir a subsistência e o padrão de vida daquele que necessita.

A solidariedade familiar ultrapassa os limites do individualismo, fazendo com que a família deixe de ser considerada por si mesma, substituindo-a pela cooperação e respeito mútuo. Implica dizer que não cabe apenas aos familiares a proteção de pessoas idosas, mas a toda a sociedade e ao próprio Estado.

Esse princípio é composto pela afeição e pelo respeito, os quais, nas palavras de Roberto Senise Lisboa: (2002, p. 46)

> são vetores que indicam o dever de cooperação mútua entre os membros da família e entre os parentes, para fins de assistência imaterial (afeto) e material (alimentos, educação, lazer).

É importante esclarecer que o afeto deve ser entendido como sendo o vínculo emocional que se origina dos sentimentos que ligam os integrantes de uma família, e que o respeito, por sua vez, deve ser compreendido como o valor que se atribui a um determinado parente, respectivamente (LISBOA, 2002, p. 45).

Assim sendo, pode-se dizer que a solidariedade deve reger todas as relações jurídicas, sobretudo as relações de família, já que é no seio familiar que se desenvolvem sentimentos de afeição e de respeito.

2.3. Princípio da afetividade

Em termos sociológicos, o afeto apresenta um papel crucial para o aprendizado do ser humano, possibilitando que sentimentos sejam revelados, que laços de amizade e familiares sejam reforçados.

No âmbito jurídico, o tema afeto tornou-se bastante recorrente e polêmico, sendo necessário analisar o caso concreto de forma prudente e cautelosa. Embora o Princípio da Afetividade não esteja expresso em nosso ordenamento jurídico, encontra-se implícito em inúmeras disposições positivadas em nossa Constituição Federal: na igualdade de filhos, independente de origem (artigo 227, §6º), na adoção; no reconhecimento da união estável (artigo 226, §3º), na família homoafetiva (artigo 2º da Lei 11.340/2006); na liberdade de decisão sobre o planejamento familiar (artigo 226, §7º), dentre outros.

De fato, as pontes construídas pela afetividade no direito de família foram essenciais para tornar-se possível a concretização de outros princípios consagrados pela Constituição Federal, como a dignidade da pessoa humana e a solidariedade social.

Coube às famílias, então, assumirem o dever constitucional de proporcionar conforto e amparo a seus integrantes, em especial para as crianças e idosos, cabendo ao Estado fiscalizar e garantir que tais direitos sejam efetivamente cumpridos.

É a partir da visualização do afeto como princípio norteador das relações familiares que se torna possível questionar a possibilidade do ilícito civil devido ao abandono afetivo, ou seja, devido à omissão de um dever implicitamente constitucionalizado e amplamente aceito pela doutrina e jurisprudência, inclusive sob a chamada "teoria do desamor". (TARTUCE, 2011, p. 986/987)

3. Abandono afetivo

A expressão abandono afetivo surgiu em decorrência de um histórico julgado em que a Ministra Nancy Andrighi analisou o caso de uma filha no qual o seu genitor não queria manter nenhuma espécie de relacionamento com ela. Na realidade tratava-se da ofensa ao dever de cuidado que se encontra expresso no texto constitucional e no Código Civil.

A formação de qualquer criança tem início na família e é na família que os pais devem transmitir valores éticos e morais a seus filhos. Os deveres dos pais em relação aos filhos menores estão dispostos no artigo 1.634 do Código Civil de 2002, constando dentre eles o dever de dirigir-lhes a criação e a educação, bem como o direito de tê-los em sua companhia e guarda.

Segundo Maria Berenice Dias: (2009. p. 388)

> Nesse extenso rol não consta o que talvez seja o mais importante dever dos pais com relação aos filhos: o dever de lhes dar amor, afeto e carinho. A missão constitucional dos pais, pautada nos deveres de assistir, criar e educar os filhos menores, não se limita a vertentes patrimoniais. A essência existencial do poder parental é a mais importante, que coloca em relevo a afetividade responsável que liga pais e filhos, propiciada pelo encontro, pelo desvelo, enfim, pela convivência familiar.

A presença dos pais na formação dos filhos é indispensável, destacando-se o cuidado, o amor, a proteção e o afeto que devem prestar. Os pais têm o dever de estarem presentes, convivendo com os filhos em cada etapa do seu desenvolvimento, dando referência dos valores adequados a serem seguidos por eles. O abandono afetivo caracteriza-se, exatamente, pelo descumprimento do dever dos pais de educar, cuidar e assistir o filho.

Geralmente ocorre após a separação dos genitores, quando a guarda do filho passa a ser concedida a apenas um dos pais, sendo, na maioria das vezes, deferida à mãe. O outro genitor passa então a ausentar-se, deixando de cumprir com seus deveres e obrigações em relação ao filho, sendo que tais deveres e obrigações encontram-se todos regulamentados em nosso ordenamento jurídico.

A psicologia explica que o afastamento do genitor, a carência do afeto nos laços familiares pode desenvolver nos filhos sintomas de rejeição, baixa autoestima, chegando a prejudicar o rendimento escolar e resultar, ainda, em outras inúmeras consequências. (PEDROSO, 2014)

Devem então os genitores, independentemente de estado civil, ter a exata consciência de seu dever como pais e educadores de cidadãos do futuro, sendo certo que atos por eles praticados poderão gerar grave prejuízo em face desses filhos (VIEIRA, 2006, p. 48).

> O conceito atual de família, centrada no afeto como elemento agregador, exige dos pais o dever de criar e educar os filhos sem omitir-lhes o carinho necessário para a formação plena de sua personalidade, como atribuição do exercício do poder familiar. [...] Assim, a convivência dos filhos com os pais não é direito do pai, mas direito do filho. Com isso, quem não detém a guarda tem o dever de conviver com ele. Não é direito de visitá-lo, é obrigação de visitá-lo. O distanciamento entre pais e filhos produz sequelas de ordem emocional e reflexos no seu sadio desenvolvimento. O sentimento de dor e de abandono pode deixar reflexos permanentes em sua vida. (DIAS, 2006. P. 106).

Fica, assim, corroborado que a falta de convívio na relação paterno-filial pode suscitar danos, a ponto de comprometer o desenvolvimento pleno e saudável dos filhos. A omissão do genitor gera dano afetivo suscetível de ser indenizado, uma vez que a lei obriga e responsabiliza os pais no que diz respeito aos cuidados com os filhos, encargo de quem detém o poder familiar. Assim, conforme elucidado por Dias, a ausência desse zelo (abandono moral) viola a *integridade psicofísica* dos filhos, bem como o *princípio da solidariedade familiar*, valores protegidos constitucionalmente, o que configura dano moral. (2006, p. 107).

"Amar é faculdade, cuidar é dever": a ministra Fátima Nancy Andrighi, da 3ª Turma do Superior Tribunal de Justiça (STJ), em julgado de 2012, afirma, dessa forma, ser possível exigir indenização por dano moral decorrente de abandono afetivo pelos pais. A pena foi de R$ 200 mil, imposta ao pai por abandonar a filha material e afetivamente durante a sua infância e adolescência. Apesar de ser tema polêmico, desde esse julgamento ficou estabelecido o entendimento, na jurisprudência, de que cabe pena civil em razão do abandono afetivo.

E quando se tratar de abandono afetivo dos filhos em relação aos seus genitores, geralmente, idosos? Caberá indenização? Quem poderá reclamá-la?

4. Abandono afetivo inverso

O abandono afetivo inverso é a ausência de afeto, respeito, o não amor, a não proteção e a falta de cuidados dos filhos para com os pais idosos. O conceito de família está pautado no afeto. A Constituição Federal prevê que é dever dos filhos maiores amparar os pais na velhice, carência ou enfermidade. Quando se trata da falta de afeto para com seus genitores idosos que se encontram em um momento de fragilidade e que sentem a omissão de seus familiares, considera-se uma violência mais gravosa do que a física ou financeira, já que, certamente, influenciará na saúde psicológica dos mesmos.

O Estatuto do Idoso prevê no seu art. 3º que é obrigação da família, da comunidade e do Poder Público assegurar ao idoso, com absoluta prioridade, a efetivação dos seus direitos, para que possuam uma boa qualidade de vida e um envelhecimento saudável, fornecendo-lhes assistência material e imaterial.

Ainda causa inúmeras divergências doutrinárias a possibilidade da reparação civil, pois não há, até então, uma posição definida sobre o assunto. De fato, sabe-se que o amor não é algo obrigatório, mas o que vem sendo entendido pelos tribunais, de maneira perceptível na jurisprudência, é que existe a possibilidade da responsabilização de danos causados a terceiros que sofreram lesões no campo psicológico e emocional. Essa percepção, de maneira acertada, vem sendo majoritariamente recebida nas decisões e ganha seguidores, gradativamente.

Ao serem privados do contato com seus descendentes e com a família, em sentido amplo, os idosos são destituídos do convívio familiar, isto é, deveres de assistência incorpórea que os filhos têm para com seus genitores.

Em pesquisas ligadas ao ramo da psicologia e da psiquiatria, revela-se incontestável o fato de que o abandono incide sobre o idoso suscitando na falta de autoestima, de confiança e segurança, ocasionando, assim, inquietação, solidão, ansiedade, depressão e desordem da tranquilidade psíquica.

Em acesso à entrevista realizada com uma idosa, vê-se, claramente, a necessidade de se reforçar o papel da família:

> Eu não lembro quem me trouxe para cá, mas queria morar com meus filhos só que eles não me querem. Eu morava com o caçula, mas depois que ele casou a mulher dele e nem ele me querem mais. Ele diz que eu sou doente e ele não tem tempo de zelar de mim, foi isso que ele falou". Minha filha eu não sei. Meus filhos não me querem, um vive bebendo, outro casou e outro também não me quer. Tenho um neto que é o único que me visita. Eu sinto tanta falta dos meus filhos, às vezes quando eu acordo parece que eu to vendo eles. Tem vezes que eu choro, faz falta demais deles comigo. Eles nem ligam mais, só o mais novo que vem aqui. Eu não tenho nenhuma foto deles. (ALMEIDA, 2005, p. 85).

Conforme exposto acima, nossa Carta Magna estabelece que "os filhos maiores têm o dever de ajudar e amparar os pais na velhice, carência ou enfermidade" (artigo 229). Nota- se que ela é explícita ao mencionar "dever"! Portanto, não se trata de simples faculdade. Logo, o seu descumprimento acarreta consequências no âmbito jurídico, especialmente no campo da responsabilidade civil.

Há que se considerar que o abandono configura um ilícito, previsto em nosso ordenamento jurídico, uma vez que, conforme explicitado acima, se está diante de um "dever" de cuidado entre pais e filhos.

Dispõe o artigo 186 do Código Civil :

> aquele que, por ação ou omissão voluntária, negligência ou imprudência, violar direito e causar dano a outrem, ainda que exclusivamente moral, comete ato ilícito.

Devemos compreender que o afeto, via de regra, não pode ser considerado como um acessório no "dever" de cuidar, mas sim um elemento fundamental, de extrema relevância no desenvolvimento de uma pessoa e no seu bem-estar.

É certo que estamos diante de uma responsabilidade civil estritamente subjetiva. O dano moral, nesses casos, consiste na afetação dos direitos da personalidade da pessoa, gerando um abalo em sua tranquilidade psíquica. Logo, deve ser muito bem comprovado.

Partindo-se desse pressuposto, deparamo-nos com a problemática do *quantum* indenizatório cabível nessas situações, sendo certo que o legislador deixou essa questão ao livre arbítrio do Juízo que, a partir da análise concreta do caso, calculará a extensão do dano causado. Para aferir o valor dessa indenização, além dessa análise criteriosa do caso, deve o Juízo levar em consideração diversos aspectos, tais como o grau de culpa do agente, suas ações e consequências perante a vítima.

Pode-se afirmar que o dano causado pelo sentimento de frustração do idoso no que tange ao comportamento omisso dos seus descendentes não é efêmero, visto que não tende a minorar com o passar do tempo e só cessará com o óbito do mesmo. A concepção fundamental essencial dos artigos 227 e 229 da Constituição Federal não é conferir vantagens ou compensação econômica, mas incentivar condutas que mantenham e agreguem os idosos no seio da família. Resta evidenciado que a ilicitude não se encontra no desamor, mas sim na inobservância do dever de cuidado, pressuposto mínimo a ser empreendido no seio da família, especialmente do idoso.

A penalidade pecuniária decorrente do dano psíquico tem um caráter nitidamente pedagógico e, por isso, não objetiva diretamente satisfazer a vítima ofendida, mas, sim, censurar o culpado pela ofensa moral e incentivar o restante dos membros da comunidade a arcarem com os deveres morais oriundos das relações familiares. Verifica-se, pois, que não se trata de "quantificar o amor", mas atingir o escopo punitivo e dissuasivo para o controle de condutas que ofendam o princípio da solidariedade familiar, de modo a clarificar os filhos para o dever de cuidado com os pais.

O ordenamento jurídico brasileiro carece de uma Lei que garanta uma efetiva responsabilização por dano moral em casos de abandono afetivo inverso. Todavia há um projeto de lei tramitando na Câmara dos Deputados, PL 4.294-A/2008, com o objetivo de acrescentar outro parágrafo ao art. 3º do Estatuto do Idoso: "*O abandono afetivo sujeita os filhos ao pagamento de indenização por dano moral*".

Atualmente o Brasil apresenta elevados índices de casos de abandono de idosos. Em 2018, o Ministério dos Direitos Humanos, através do Disque 100 (serviço do Governo Federal), recebeu 37.454 denúncias de violência contra pessoas com 60 anos ou mais.. Esses números representam um aumento de 13% em relação ao ano anterior.

O balanço de 2018 informa que 52,9% dos casos de violações contra pessoas idosas foram cometidos pelos filhos, seguidos de netos (com 7,8%). As pessoas mais violadas são mulheres, com 62,6% dos casos, e homens, com 32%; a faixa etária de 71 a 80 anos, com 33%, e 61 a 70 anos, com 29%. Das vítimas, 41,5% foram declarados brancos, pardos, 26,6%, pretos, 9,9%, amarelos com 0,7% e indígenas, 0,4% ; sendo a casa da vítima o local com maior evidência de violação, 85,6%.

As violações mais constatadas são negligências, 38%, violência psicológica (humilhação, hostilização, xingamentos) com 26,5%, seguido de abuso financeiro e econômico, violência patrimonial que envolve, por exemplo, retenção de salário e destruição de bens, com 19,9% das situações. A quarta maior recorrência se refere à violência física, 12,6%. Importante frisar que, em sua maioria, as denúncias são tipificadas com mais de um tipo de violação, ou seja, uma mesma vítima pode sofrer várias dessas violações apresentadas.

Outro dado relevante é que mais de 14 mil vítimas declararam ter algum tipo de deficiência. Dessas, 41,6% têm alguma deficiência física e 37,6%, deficiência mental, seguidos de deficiência visual, com 11,5%, e deficiências intelectual e auditiva, com 4,6% e 4,4%, respectivamente. (Ministério da Mulher, da Família e dos Direitos Humanos, 2019)

Em 2019 o Disque Direitos Humanos contabilizou 48,5 mil registros referentes ao grupo. Esses números colocam os idosos na segunda colocação entre os grupos mais vulneráveis, atrás apenas de crianças e adolescentes, com 86,8 mil denúncias (55% do total).

A violação contra pessoas idosas que concentra o maior volume é a negligência, com 38 mil registros (quase 80% do total), seguida de violência psicológica (24%), abuso financeiro (20%), violência física (12%) e violência institucional (2%).

Em relação a 2018, as seguintes violações apresentaram aumento: negligência (29%), abuso financeiro (19%), violência física (13%) e violência psicológica (8%).

4.1. Posicionamento jurisprudencial

No que diz respeito à jurisprudência quanto ao abandono inverso, poucas foram as vezes em que o nosso Poder Judiciário enfrentou a questão.Em geral, as ações movidas baseiam-se em situações de abandono material e afetivo, concomitantemente.

Dentre as poucas ações que tratam sobre o tema, vale analisar a decisão da apelação cível 0019973-83.2009.8.19.0045, julgada pela Primeira Câmara Cível do Tribunal de Justiça do Estado do Rio de Janeiro, referente à ação de reparação de danos morais ajuizada por uma genitora em face de uma de suas filhas.

Segundo consta nos autos, a genitora ajuizou ação de alimentos contra sua filha, a qual concordou em pagar o valor equivalente a 143% de um salário mínimo vigente a título de pensão alimentícia. Todavia o pagamento ocorria com atraso e, em algumas vezes, em valor inferior ao pactuado. Por diversas vezes, o irmão da requerida enviou e-mails cobrando esse adimplemento, sempre recebendo respostas que desonravam a imagem de sua mãe. A defesa da requerida sustentou que os e-mails eram falsos. A ação, em 1ª Instância, foi julgada improcedente, sendo a genitora condenada ao pagamento de custas e honorários advocatícios. Irresignada, interpôs recurso de apelação, tendo a Câmara julgadora mantido a decisão.

No que tange ao dano moral, segue um trecho da r. decisão:

> [...] irretocável a ponderação no decisum no sentido de que, em razão dos reiterados inadimplementos quanto à obrigação alimentar, a autora deve adotar as medidas necessárias para cumprimento do pensionamento acordado. Indubitavelmente, o não pagamento da pensão alimentícia não importa em conduta capaz de ensejar a indenização pretendida.

No que se refere ao abandono afetivo, assim restou consignado na r. decisão:

> [...] fazer valer o cumprimento em prol dos idosos, é muito diferente de concordar com a possibilidade de compensar a dor suportada pela indiferença de um ente querido. Aliás, o tema já merece reflexão no mundo jurídico, é possível calcular em dinheiro quanto vale o amor? A importância de R$ 60.000,00 substituirá, sabe-se lá por quanto tempo, a presença de um filho na vida dos pais e vice-versa? A condenação ao pagamento de indenização resgataria os laços afetivos entre mãe e filha? Ora, nem seria necessário um pronunciamento judicial neste sentido, uma vez que a resposta é óbvia. Por fim, importante salientar que no caso concreto, o acolhimento do pedido, com certeza, estimularia a equivocada sensação de que quando um descendente ou ascendente chega a um determinado ponto naquela

> que deveria ser uma abençoada relação, só teria "sobrado" bens materiais a serem perseguidos. (TJRJ, Apelação cível 0019973-83.2009.8.19.0045, 1ª Câmara Cível, Rel. Des. Camilo Ribeiro Ruliere, julgado em 26/02/2013).

Em que pese todo o saber jurídico dos ilustres julgadores, há que se discordar desse posicionamento. Cabe ressaltar, novamente, que a indenização por abandono afetivo não se refere à falta de amor, mas sim ao descumprimento dos deveres de cuidado imputados aos filhos para com seus pais idosos. Não se trata, em hipótese alguma, de substituição da presença dos filhos, na vida dos pais, por uma pena pecuniária.

Corroborando com o entendimento de Ana Carolina Candia: (2017)

> [...] somente aquele que sofre o abandono imaterial pode responder sobre o que, subjetivamente, o ajudará a ver diminuído o prejuízo moral experimentado. Talvez o fato de haver condenação daquele que ocasionou o dano, possa servir para acalentar a vítima, simplesmente por saber que, apesar do prejuízo moral sofrido, ela conta com a tutela do ordenamento jurídico que não admite conduta lesiva contra outrem.

Por fim, indispensável também é observar que o abandono de idosos configura crime, o qual encontra respaldo no Artigo 98 do Estatuto do idoso, no Capítulo II, dos crimes em espécies, segundo o qual:

> Abandonar o idoso em hospitais, casas de saúde, entidades de longa permanência, ou congêneres, ou não prover suas necessidades básicas, quando obrigado por lei ou mandado: Pena – detenção de 6 (seis) meses a 3 (três) anos e multa.

4.2. Deserdação por abandono afetivo

A deserdação consiste em um mecanismo jurídico utilizado pelo testador para afastar um herdeiro necessário de sua parte legítima da herança decorrente de causas previstas pela legislação vigente. Inexiste em nossa legislação qualquer disposição acerca do abandono afetivo como uma das causas de deserdação.

As causas que dão autorização aos ascendentes de excluírem os descendentes de sua herança estão previstas nos arts. 1814 e 1963 do Código Civil e são taxativas. Cabe destacar que a deserdação somente será válida se o testamento que a atribui também seja válido.

Dispõem esses artigos que:

> Art. 1.814. São excluídos da sucessão os herdeiros ou legatários:
>
> I – que houverem sido autores, coautores ou partícipes de homicídio doloso, ou tentativa deste, contra a pessoa de cuja sucessão se tratar, seu cônjuge, companheiro, ascendente ou descendente;
>
> II – que houverem acusado caluniosamente em juízo o autor da herança ou incorrerem em crime contra a sua honra, ou de seu cônjuge ou companheiro;
>
> III – que, por violência ou meios fraudulentos, inibirem ou obstarem o autor da herança de dispor livremente de seus bens por ato de última vontade.
>
> Art. 1.963. Além das causas enumeradas no *art. 1.814*, autorizam a deserdação dos ascendentes pelos descendentes:
>
> I – ofensa física;
>
> II – injúria grave;
>
> III – relações ilícitas com a mulher ou companheira do filho ou a do neto, ou com o marido ou companheiro da filha ou o da neta;
>
> IV – desamparo do filho ou neto com deficiência mental ou grave enfermidade.

Em contrapartida, a doutrina vem defendendo a necessidade de alteração dos dispositivos legais que tratam da exclusão sucessória para abranger, como uma de suas causas, o abandono afetivo. Nesse ponto de vista, segue ensinamento de Nehemias Domingos de Melo: (2005, p.32)

> O descaso entre pais e filhos é algo que merece punição, é abandono moral grave, que precisa merecer severa atuação do poder Judiciário, para que se preserve não o amor ou a obrigação de amar, o que seria impossível, mas a responsabilidade ante o descumprimento do dever de cuidar, que causa o trauma moral da rejeição e da indiferença.

Logo, há uma lacuna na atualização legislativa, não acompanhando as realidades sociais.

A falta de afeto como causa de deserdação é um assunto escasso na doutrina e na jurisprudência. Entretanto, importante destacar um julgado do Tribunal de Justiça do Rio Grande de Sul que destaca a legalidade da deserdação:

> Ação Ordinária de Deserdação. Tendo a falecida exarado em testamento a firme disposição de deserdar a filha e as netas, por ofensa moral, injúria e desamparo na velhice e, havendo comprovação destes fatos, há que ser mantida a última vontade da testadora. Apelação desprovida (TJRS, Apelação Cível 70002568863, Rel. Des. José Ataídes Siqueira Trindade, j. 31/05/2001, 8ª Câmara Cível). (RIO GRANDE DO SUL, 2015)

A genitora foi abandonada pela filha e pelas netas que, jamais, prestaram assistência na sua velhice. Enquanto esteve no hospital, em decorrência de doença grave, jamais recebeu cuidados e visitas das deserdadas.

Resta claro que o abandono, a falta de assistência decorrem da falta de afeto. Com esse entendimento percebe-se que, quando a lei limita as causas de deserdação, deixa de admitir outras práticas tão ou mais severas, que podem levar à exclusão, prejudicando quem, por certo, gostaria de utilizar o instituto da deserdação.

Para Salomão Cateb: (2004, p. 101-102)

> Deserdação de herdeiro necessário pressupõe ausência absoluta dos sentimentos primários e fundamentais, indispensáveis à relação familiar. Amor, afeto, carinho, gratidão, não são somente substantivos abstratos, mas elementos intrínsecos e imprescindíveis à sustentação da família como célula fundamental e protegida pela Constituição Federal.

No Direito Brasileiro, a cláusula ou disposição testamentária é o único meio legal admitido para a deserdação, seja que espécie de testamento for. Quando se fala na obrigatoriedade de utilização do testamento, resta evidente que deve ser válido. Caso contrário, a cláusula de deserdação também será nula.

É importante ressaltar, ainda, que a declaração da deserdação em testamento não é o suficiente. Deve o testador mencionar a causa que o levou a deserdar seu herdeiro. A deserdação tem de ser fundamentada e a causa há de ser expressamente estabelecida pelo legislador.

Após a abertura do testamento, os demais herdeiros têm um prazo de quatro anos para ingressar com uma ação judicial, pedindo que a pessoa cuja deserdação é solicitada seja excluída da herança. Caberá a eles apresentar as provas necessárias para justificar a medida. Naturalmente, o acusado terá sua chance de defender-se das alegações. Somente após a expedição da sentença judicial é que a deserdação será consumada; ou não. Afinal, o juiz pode entender que as razões apresentadas não são válidas.

4.3. Projeto de lei envolvendo abandono afetivo inverso

Tendo em vista a importância do tema aqui abordado, foi apresentado pelo Deputado Carlos Bezerra o Projeto de Lei 4.294, criado em 2008, com o objetivo de estabelecer a indenização por dano moral em razão do abandono afetivo de idosos. O projeto ainda tramita no Congresso Nacional. O Deputado, em sua justificação, explica que dentre as obrigações entre os entes familiares encontra-se, principalmente, o compromisso de dar apoio e afeto, como se pode observar:

> O envolvimento familiar não pode ser mais apenas pautado em um parâmetro patrimonialista-individualista. Deve abranger também questões éticas que habitam, ou ao menos deveriam habitar, o consciente e inconsciente de todo ser humano. Entre as obrigações existentes entre pais e filhos, não há apenas a prestação de auxílio material. Encontra-se também a necessidade de auxílio moral, consistente na prestação de apoio, afeto e atenção mínimas indispensáveis ao adequado desenvolvimento da personalidade dos filhos ou adequado respeito às pessoas de maior idade. No caso dos filhos menores, o trauma decorrente do abandono afetivo parental implica marcas profundas no comportamento da criança. A espera por alguém que nunca telefona – sequer nas datas mais importantes – o sentimento de rejeição e a revolta causada pela indiferença alheia provocam prejuízos profundos em sua personalidade. No caso dos idosos, o abandono gera um sentimento de tristeza e solidão, que se reflete basicamente em deficiências funcionais e no agravamento de uma situação de isolamento social mais comum nessa fase da vida. A falta de intimidade compartilhada e a pobreza de afetos e de comunicação tendem a mudar estímulos de interação social do idoso e de seu interesse com a própria vida. Por sua vez, se é evidente que não se pode obrigar filhos e pais a se amar, deve-se ao menos permitir ao prejudicado o recebimento de indenização pelo dano causado.

Após apresentado, o projeto foi apreciado pela Comissão de Seguridade Social e Família, a qual votou unanimemente por sua aprovação, nos termos do parecer da relatora, Deputada Jô Moraes, no ano de 2011; foi também apreciado pela Comissão de Constituição e Justiça, a qual também votou favoravelmente ao Projeto. Em 31 de janeiro de 2015, no entanto, o Projeto de Lei foi arquivado nos termos do Artigo 105 do Regimento Interno da Câmara dos Deputados, sendo que no dia 10 de fevereiro de 2015 houve a apresentação do Requerimento de Desarquivamento de Proposições n. 437/2015, pelo Deputado Carlos Bezerra, e, em 12 de fevereiro de 2015, o Projeto foi desarquivado. Todavia, na situação atual, o Projeto ainda aguarda envio para o Senado Federal.

Ressalta-se a importância da aprovação do mencionado projeto de lei para a sociedade, especialmente para os idosos, que são os que mais sofrem com a situação. É o que também acredita o Desembargador Jones Figueirêdo Alves, que assim expõe sua opinião sobre a necessidade de existir uma lei para regulamentar a matéria de abandono afetivo inverso:

Não é demais admitir que o abandono afetivo inverso, em si mesmo, como corolário do desprezo, do desrespeito ou da indiferença filiais, representa fenômeno jurídico que agora deve ser tratado pela doutrina e pelo ordenamento legal carecido de um devido preenchimento, seja por reflexões jurídicas, seja por edição de leis. A sua presença na ordem jurídica servirá, no espectro da ilicitude civil, como nova espécie de comportamento ilícito, pautado por uma configuração jurídica específica, tal como sucede com a dogmatização jurídica do abuso de direito.

Conclusões

No presente trabalho buscou-se demonstrar a gravidade do abandono afetivo inverso, suas consequências, bem como a possibilidade de indenização por danos morais e, ainda, deserdação.

O afeto é o sentimento que une as pessoas; é um dever de todos. Afeto não se confunde com amor. Ninguém tem obrigação de amar, mas tem o dever de ter afeto, previsto nos artigos 229 e 230 da Constituição Federal e no Estatuto do Idoso.

É nítido que, no decorrer dos anos, o número de idosos aumentou gradativamente. Estima-se que chegue ao número aproximado de 34 milhões no País, até o ano de 2025. Em contrapartida, verifica-se que a sociedade, o Estado e os próprios familiares não estão preparados para proporcionar aos idosos uma vida com dignidade.

O número de idosos abandonados material e afetivamente tem crescido assustadoramente. A vítima de abandono sofre diversos danos que se manifestam nas mais diferentes formas, desde o sentimento de solidão até o desenvolvimento de enfermidades, devido à perda da sua qualidade de vida.

Diante da análise dos aspectos legais abordados pela doutrina especializada, e entendimento jurisprudencial, resta evidente que é obrigação dos filhos ampararem seus pais na velhice, tanto de forma material como moral, gerando, inclusive, a possibilidade de reparação na forma de indenização no caso de abandono. Através da Responsabilidade civil, todos aqueles idosos que se sentirem desamparados por seus filhos, podem procurar seus direitos através de ação de indenização, tendo esta um caráter punitivo, compensatório e educativo. Contudo, é importante a análise de cada caso concreto, para que seja verificado que o dano à dignidade do idoso ocorreu realmente em decorrência desse abandono.

Cabe esclarecer que a falta de amor e afeto propriamente ditos não ensejam a indenização, mas, por outro lado, considerando que o cuidado é uma forma de amar, sua omissão é motivo apto para reparação civil. Diante da falta de norma expressa, resta ao Poder Judiciário a análise concreta dos casos envolvendo o abandono afetivo de idosos, norteando os julgamentos a partir da correta compreensão do princípio jurídico da afetividade.

Ainda é escasso o número de casos que tenham chegado às instâncias superiores, versando sobre o abandono afetivo inverso. A inexistência de legislação específica certamente é uma das principais causas que ensejam essa triste realidade. O abandono afetivo vem se mostrando como questão merecedora da tutela jurisdicional, posto que tal prática afeta o princípio constitucional da dignidade da pessoa humana, notadamente no que toca aos direitos de personalidade da pessoa idosa. Fato é que estamos diante de um problema que merece efetiva tutela jurisdicional e não deve ser esquecido.

Não se trata pretender a monetarização do amor e do afeto, uma vez que o que se busca é a garantia de uma vida digna ao idoso, haja vista os encadeamentos do envelhecimento. Assim, é preciso que a sociedade valorize, faça parte do sistema de proteção aos idosos e, juntamente com nosso ordenamento jurídico, o torne mais eficaz a ponto de, efetivamente, coibir essa grave situação.

Passou-se também a discutir a possibilidade da deserdação de herdeiros em decorrência do abandono afetivo inverso.

A doutrina se divide a respeito do rol das causas previstas para deserdação ser taxativo. Alguns doutrinadores entendem que cada caso deve ser analisado isoladamente, e que delimitar as causas acarreta injustiças, pois não é possível prever todas as hipóteses que levariam à deserdação; enquanto alguns doutrinadores tradicionais entendem que a lei não autoriza a deserdação decorrente do abandono afetivo.

O rol das hipóteses que autorizam a deserdação de um herdeiro necessário é taxativo, não podendo o legislador se valer tão somente do abandono afetivo ao autor da herança como causa de punição, ou seja, ainda que o herdeiro não tenha nenhum vínculo afetivo, irá locupletar-se patrimonialmente justamente daquele a quem desprezou.

Ainda não há um consenso em relação aos casos julgados, mas, de acordo com a jurisprudência majoritária, o abandono afetivo está sendo considerado um motivo válido, tanto para o dever de indenização pelos danos causados à vítima quanto para se configurar a deserdação por meio do testamento do *de cujus*.

Os conceitos e as características do abandono afetivo não estão presentes no texto legal de forma explícita, concluindo-se que o tema abandono afetivo ainda se encontra em análise subjetiva pelos Tribunais, não havendo um parâmetro legal que delimite sua aplicação e seus efeitos. De fato, ocorre uma lacuna no texto legal que deve ser suprida, garantindo a segurança jurídica e a aplicação efetiva do direito de o testador excluir um herdeiro necessário de sua herança. Dessa forma, nada mais justo e legal que ocorra uma urgente alteração legislativa.

REFERÊNCIAS

ALMEIDA, Fabiana Souza de. **Idosos em instituições asilares e suas representações sobre família.** 2005. 103f. Dissertação (Mestrado). Programa de Pós-graduação. Universidade Federal de Goiás, Jataí, 2005.

ALVES, Jones Figueirêdo. **Abandono afetivo inverso pode gerar indenização**. Minas Gerais, Notícias, 16 jul. 2013. Disponível em: http://www.ibdfam.org.br/noticias/5086/+Abandono+afetivo+inverso+pode+gerar+indeniz a%C3%A7%C3%A3o Acesso em: 29/04/2019

BRASIL. **Código Civil Brasileiro**. Disponível em: http://www.planalto.gov.br/ccivil_03/leis/2002/l10406.htm. Acesso em 29/04/2019

BRASIL.**Constituição Federal de 1988**. Disponível em: http://www.planalto.gov.br/ccivil_03/constituicao/constituicaocompilado.htm cesso em: 20/04/2019

BRASIL. **Lei nº 10.741, de 1º de outubro de 2003. Estatuto do Idoso, 2018**. Disponível em: http://www.planalto.gov.br/ccivil_03/leis/2003/L10.741compilado.htm>. Acesso em: 20/04/2019.

BRASIL. Ministério da Mulher, da Família e dos Direitos Humanos. **Balanço anual do Disque 100 registra aumento de 13% em denúncias de violações contra a pessoa**

idosa. Disponível em: https://www.mdh.gov.br/todas-as-noticias/2019/junho/balanco-anual-do-disque-100- registra-aumento-de-13-em-denuncias-de-violacoes-contra-a-pessoa-idosa Acesso em 30/06/2019

CANDIA, Ana Carolina Nilce Barreira. **Responsabilidade Civil por Abandono Imaterial (ou Afetivo) Direto e Inverso.** Disponível em: https://tede.pucsp.br/bitstream/handle/20846/2/Ana%20Carolina%20Nilce%20Barreira%2 0Candia.pdf Acesso em: 29/04/2019

CATEB, Salomão de Araújo. **Deserdação e Indignidade no Direito Sucessório Brasileiro.** Belo Horizonte: Del Rey, 2004.

COSTA, Ruthe Corrêa da. **A Terceira Idade Hoje: sob a óptica do Serviço Social.**1ª ed. Canoas: Ulbra, 2007

DIAS, Maria Berenice. **Manual de Direito das Famílias.** 5º ed. São Paulo: Revista dos Tribunais, 2009.

FERNANDES, Crislayne Rodrigues. **A responsabilidade civil e criminal decorrente do abandono do idoso.** In: **Âmbito Jurídico**, Rio Grande, XX, n. 167, dez 2017. Disponível em: http://www.ambitojuridico.com.br/site/?n_link=revista_artigos_leitura&artigo_id=19939& revista_caderno=7 Acesso em: 01º/07/2019

LISBOA, Roberto Senise. **Manual Elementar de Direito Civil: direito de família e das sucessões**. 2. ed. rev. atual. São Paulo: Revista dos Tribunais, 2002 . 5 v.

LOUREIRO, Altair M. L. **A Velhice, o Tempo e a Morte**. Brasília: Editora da UnB, 1998.

MELO, Nehemias Domingos de. **Abandono moral: fundamentos da responsabilidade civil.** In: Rev. Sínt. de Dir. Civ. e Proc. Civ. Porto Alegre, v. 6, n. 34, p. 32, mar./abr. 2005.

PEDROSO, Juliane.**Abandono afetivo frente ao ordenamento jurídico Brasileiro.** Disponível em: https://juuliane.jusbrasil.com.br/artigos/137611283/abandono-afetivo-frente-ao- ordenamento-juridico-brasileiro Acesso em: 22/04/2019

SARLET, Ingo Wolfgang. **Dignidade da Pessoa Humana e Direitos Fundamentais na Constituição Federal de 1988**. Porto Alegre: Livraria do Advogado, 2001

TARTUCE, Flávio. **Manual de Direito Civil Volume Único**. São Paulo: Método, 2011.

THOMÉ, Liane Maria Busnello. **Dignidade da pessoa humana e mediação familiar.** Porto Alegre: Livraria do Advogado, 2010.

VARGAS, H. S. **Psicologia do Envelhecimento**. São Paulo: Fundo Editorial. Byk, 1983.

VIEIRA. Cleverton Elias. VERONESE, Josiane Rose Petry. ***Limites na Educação*: sob a perspectiva da Doutrina da Proteção Integral, do Estatuto da Criança e do Adolescente e da Lei de Diretrizes e Bases da Educação Nacional.** Florianópolis: OAB/SC Editora, 2006.

2.
ADOÇÃO POR CASAIS HOMOAFETIVOS E O PRINCÍPIO DO MELHOR INTERESSE PARA A CRIANÇA E O ADOLESCENTE

Introdução

É incontestável o fato de que a nossa sociedade está em constante transformação. A ideia do que vem a ser família é um conceito que vem, ao longo dos anos, acompanhando a transformação dos ideais sociais, das descobertas científicas e dos costumes da sociedade.

Para os romanos, a família representava a base de sua organização social, ou seja, o termo família não se resumia apenas ao pai, à mãe e aos filhos, mas também à casa, aos escravos e até aos animais de sua propriedade. Nesse espaço, o pai exercia o domínio sobre a mulher, os filhos e os escravos, tendo direito de decidir sobre o destino das crianças recém-nascidas. Assim, o fato de nascer não significava que a criança fosse aceita pela família; muitos filhos eram abandonados ou vendidos como escravos.

No antigo império romano, os juristas criaram a expressão família natural, que seria formada por um casal e seus filhos, sem levar em conta os ancestrais, como faziam os clãs. A família natural romana tinha sua origem pela relação jurídica estabelecida entre o casal no dia de seu matrimônio. Tal idéia de família foi modificada pela Igreja Católica, que transformou a união entre homem e mulher em uma instituição sacralizada, indissolúvel, um ato solene e único de se formar uma família cristã. Não havia que se falar em nenhum outro meio de constituição familiar, senão o casamento, que a família burguesa ocidental adotou, de fato, como referência normativa.

O reconhecimento da união estável pelo nosso ordenamento jurídico foi um marco decisivo, para que novas discussões fossem travadas acerca da amplitude do conceito de família. Paralelamente, nossa sociedade viu-se obrigada a lutar pela igualdade de direitos entre as pessoas. Aos poucos, o conceito de família passou a se tornar mais democrático, adotando-se um modelo mais igualitário, no qual todos os membros devem ter suas necessidades atendidas, e a busca da felicidade de cada indivíduo passou a ser essencial no ambiente familiar.

Porém, o maior avanço alcançado foi a inclusão de pessoas do mesmo sexo a esse conceito de família, seja pela união estável ou pelo casamento homoafetivo e, finalmente, a possibilidade de adoção de crianças e adolescentes por essa nova família.

No Brasil, a adoção de crianças por casais homoafetivos tomou um impulso considerável, quando a 4ª Turma do Superior Tribunal de Justiça (STJ), por unanimidade, negou recurso do Ministério Público do Rio Grande do Sul contra decisão que permitiu a adoção de duas crianças por um casal de mulheres. A decisão apontou a inexistência de qualquer inconveniência para que crianças fossem adotadas por casais homossexuais, demonstrando que o que mais importa é a qualidade do vínculo e do afeto no meio familiar em que serão inseridas. O voto do relator no STJ, ministro Luis Felipe Salomão, reafirmou o entendimento do tribunal de que, quando se trata de adoção, deve prevalecer sempre o melhor interesse da criança. No caso em análise, o laudo da assistência social recomendou a adoção.

O presente artigo tem por escopo traçar breves considerações acerca dessa espécie de adoção, analisando o árduo caminho percorrido pelos casais homoafetivos, pelas dificuldades enfrentadas, desde questões de preconceito, e até mesmo do nosso Poder Judiciário, face à existência de um processo extremamente burocrático. Tal fato demonstra a grande importância de se ter em mente, sempre, o melhor interesse da criança e do adolescente.

1. Da filiação socioafetiva

Com o surgimento da Constituição Federal de 1988, surgiram modificações legislativas relevantes em relação à filiação, percebendo-se, assim, a possibilidade de se reconhecer um novo tipo de filiação, a socioafetiva.

Segundo Jorge Fujita: (2011, p.72)

> Filiação socioafetiva é aquela consistente na relação entre pai e filho, ou entre mãe e filho, ou entre pais e filho, em que inexiste liame de ordem sanguínea entre eles, havendo, porém, o afeto como elemento aglutinador, tal como uma sólida argamassa a uni-los em suas relações, quer de ordem pessoal, quer de ordem patrimonial.

Ainda sobre o assunto, Heloisa Barboza preleciona que: (2009, p.31)

> Para que se identifiquem os efeitos da socioafetividade é necessário determinar sua natureza jurídica e estabelecer seu conceito. A socioafetividade é um fato, onde se constatam dois aspectos (sócio + afetivo). Gerado pela afetividade, o vínculo se externa na vida social, à semelhança de outras relações fundadas no afeto, mediante (pelos menos) *reputatio, nominatio, e tractatus*, que são seus requisitos e que permanecem, mesmo quando findo o afeto, porque construídos na convivência em sociedade. Presentes esses requisitos, a socioafetividade é um dos critérios para o reconhecimento do vínculo de parentesco de outra origem, a que se refere o art. 1.593, do Código Civil.

Esse novo tipo de filiação encontra sólido apoio nas normas constitucionais sobre direito de família e tem assento infraconstitucional no Código Civil de 2002, que, em seu artigo 1.595, menciona a possibilidade de embasar-se o parentesco na consanguinidade ou em "outra origem", expressão que engloba a origem afetiva. (FACHIN, 2003, p.17)

Fujita preleciona, ainda, que a filiação socioafetiva se apresenta na adoção, na técnica de reprodução assistida heteróloga ou por doação, e na posse do estado de filho, representado pela adoção à brasileira e pelo filho de criação.

2. Da adoção no Brasil

2.1. Conceito

A palavra **adoção** tem origem do latim "*adoptio*", que em nossa língua significa "tomar alguém como filho"; ação de adotar, tomar para si com cuidados.

Para Caio Pereira: (2004, p.392)

> A adoção é negócio jurídico pelo qual se promove, mediante sentença judicial constitutiva, o ingresso de uma pessoa, menor ou maior de idade, capaz ou incapaz, como filho na família do adotante, independentemente da existência entre elas de uma relação parental consanguínea ou afim, desfrutando o adotado de todos os direitos e deveres inerentes à filiação.

Maria Helena Diniz entende ser a adoção como: (2011, p. 546, vol. 5)

> Adoção vem a ser o ato jurídico solene pelo qual, observados os requisitos legais, alguém estabelece, independentemente de qualquer relação de parentesco consanguíneo, um vínculo fictício de filiação, trazendo para sua família na condição de filho, pessoa que, geralmente, lhe é estranha.

Maria Berenice Dias a define como "a modalidade de filiação constituída no amor, gerando vínculo de parentesco por opção." (2009, p. 434)

Para Antonio Chaves: (1995, p. 23)

> Adoção é o ato sinalagmático e solene, pelo qual, obedecidos os requisitos fixados em Lei, alguém estabelece, geralmente com um estranho, um vínculo fictício de paternidade e filiação legítimas, de efeitos limitados e sem total desligamento do adotando da sua família de sangue.

Todos esses conceitos convergem para um ponto comum: a criação de vínculo jurídico de filiação. Os autores afirmam que a adoção confere a alguém o estado de filho e que essa modalidade de filiação é chamada de parentesco civil, já que desvinculado do laço de consanguinidade, sendo o parentesco constituído pela lei que cria uma nova relação de filiação.

Deve-se destacar, ainda, no conceito de adoção, a observância ao princípio do melhor interesse da criança, uma vez que o parágrafo único do artigo 100 do Estatuto da Criança e do Adolescente (ECA) dispõe que são também princípios que regem a aplicação das medidas de proteção, dentre outros, o princípio "IV- interesse superior da criança e do adolescente", reiterando o conteúdo do revogado artigo 1625 do Código Civil de 2002, no sentido de que "somente será admitida a adoção que constituir efetivo benefício para o adotando". (GONÇALVES, 2018, p. 375)

2.2. Natureza jurídica

No antigo Código Civil de 1916, a adoção possuía um caráter absolutamente contratual. Tratava-se de um negócio jurídico bilateral e solene, que dependia de escritura pública para a sua realização. A partir da Constituição de 1988, entretanto, tornou-se um ato mais complexo, uma vez que dependia, então, de sentença judicial para sua formalização, prevista expressamente no art. 47 do Estatuto da Criança e do Adolescente, e no art. 1619 do Código Civil de 2002, com a redação dada pela Lei n. 12.010, de 03/08/2009.

Podemos concluir, assim, que se trata de uma natureza do instituto híbrida, pois embora haja a manifestação de vontade das partes, estas não têm liberdade para regularizar seus efeitos, sendo esses pré-estabelecidos por lei. No momento de formação do ato adotivo, dá-se um contrato de Direito de Família; quando intervém o juiz, revela-se a face institucional da adoção, constituída por sentença, que lhe dá solenidade, estrutura e projeta seus efeitos.

2.3. Espécies de adoção

Em nosso ordenamento, a adoção pode ser unilateral ou conjunta.

A adoção unilateral ocorre quando se conserva o vínculo de filiação com um dos pais biológicos (pai ou mãe), na qual o cônjuge ou companheiro adota o filho do outro. Está contida no §1º do art. 41 do ECA, que assim dispõe: "Se um dos cônjuges ou concubinos adota filho do outro, mantêm-se os vínculos de filiação ente adotado e o cônjuge ou concubino do adotante e os respectivos parentes".

Na adoção conjunta, atualmente denominada bilateral, não há mais vínculos do adotando com a família consanguínea, salvo os casos de impedimentos matrimoniais. A adoção bilateral é regulamentada pelo artigo 42, § 2º, do Estatuto da Criança e do Adolescente, e, conforme a legislação estabelece, é indispensável que os adotantes sejam casados ou mantenham união estável, sendo necessário comprovar a estabilidade da família, para que possam se tornar aptos a adotar.

Contudo, a lei ainda insere no artigo 42, § 4º, do ECA, a possibilidade de que os divorciados, os legalmente separados e os ex-companheiros possam adotar em conjunto, contanto que o estágio de convivência tenha se iniciado durante o período de relacionamento do casal, que seja demonstrada a existência de vínculos de afinidade e afetividade com aquele não detentor da guarda e, ainda, que os adotantes concordem com o regime de guarda da criança ou adolescente.

Tem-se, ainda, a adoção póstuma, que, sem regramento próprio no nosso ordenamento pátrio, é mencionada no Art. 42, § 6º, do Estatuto da Criança e do Adolescente. Estabelece que a adoção poderá ser deferida ao adotante que, após inequívoca manifestação de vontade, vier a falecer no curso do procedimento, antes de prolatada a sentença.

Já a adoção à brasileira dá-se nos casos em que alguém registra, como se fosse seu, um filho que sabe ser de outra pessoa, ou seja, o que acontece é uma adoção irregular, já que não seguiu todos os trâmites legais necessários. Essa espécie de adoção é ilícita e não pode ser comparada ao ato formal e solene de adoção. Inclusive, a prática de "adoção à brasileira", ou seja, registrar um filho de outra pessoa como se fosse seu, caracteriza um crime, previsto no artigo 242 do Código Penal:

> **Art. 242** – Dar parto alheio como próprio; registrar como seu o filho de outrem; ocultar recém-nascido ou substituí-lo, suprimindo ou alterando direito inerente ao estado civil:
>
> Pena – reclusão, de dois a seis anos.
>
> **Parágrafo único** – Se o crime é praticado por motivo de reconhecida nobreza:
>
> Pena – detenção, de um a dois anos, podendo o juiz deixar de aplicar a pena.

Já a adoção internacional, disposta no artigo 51 do ECA, ocorre quando o pretendente possui residência em país que faça parte da Convenção de Haia, de 29 de maio de 1993, relativa à Proteção das Crianças e à Cooperação em Matéria de Adoção Internacional (Decreto 3.087/99), e tenha a intenção de adotar uma criança de outro país que tenha assinado essa convenção. Os requisitos essenciais para que ocorra a adoção internacional no Brasil estão previstos no artigo 51 da Lei 8.069/1990 (ECA).

Por fim, tratar-se-á da adoção por casais homoafetivos, objeto do presente trabalho.

3. Adoção por casais homoafetivos no Brasil

3.1. Visão da homossexualidade ao longo dos anos

A homossexualidade tida como a atração sexual e afetiva entre duas pessoas do mesmo sexo é um fato que percorre a história da humanidade há milênios, sendo tolerada e aceita em algumas sociedades e repudiada em outras. Em um primeiro instante, era vista como crime e devidamente punida por algumas sociedades, notadamente as ocidentais.

Posteriormente, era vista como um desvio da heterossexualidade, algo anormal que merecia cuidados médicos. Em quaisquer situações, pessoas que apresentassem orientações sexuais diferentes das heterossexuais eram marginalizadas, ignoradas ou perseguidas por práticas sociais, crenças ou políticas, decorrendo daí o conceito de heteronormatividade. Classificada, então, como doença, permitiu maior tolerância entre os membros da sociedade, bem como evitou maiores atrocidades que eram cometidas contra os homoafetivos, considerados, então, portadores de desvios sexuais e de personalidade.

Nas palavras de Viviane Girardi: (2005, p.68)

> A classificação da homossexualidade como doença serviu num determinado momento histórico para "proteger" os homossexuais contra a tirania estatal e religiosa que via no comportamento homossexual a tipificação de um pecado, e mais, de um crime. Assim, passaram os "criminosos" a ser tratados como "doentes", o que naquele momento lhes garantiu uma proteção, mas por seu reverso lhes impingiu o estigma preservado até a atualidade, inclusive em vários espaços jurídicos, da imagem de sujeitos doentes ou anormais a merecerem discriminação e a sofrerem toda ordem de barbárie motivada pelo preconceito fruto de um ranço social ainda a ser dissolvido.
>
> No que tange a esse preconceito social em relação à homossexualidade é, sobremaneira, importante ressaltar a relevância da contribuição jurídica no sentido de aplicar o tratamento igualitário aos homossexuais e às suas relações, porque o reconhecimento estatal que inclui esses marginalizados no laço social, não só dota-os de maior aceitação, como também, atribuindo-lhes valores de cidadania e demonstra ser o direito um mecanismo eficaz para aqueles que gravitam na periferia do sistema sociojurídico.

Via de consequência, nosso país, antes mesmo da recomendação da Organização Mundial da Saúde, datada de 1995, optou por excluir a homossexualidade do rol das doenças, que passou a ser considerada como "uma das múltiplas facetas da sexualidade humana e, por essa razão, a pessoa que segue os ditames da sua sexualidade não pode ter seu valor diminuído na sociedade e no direito. "(GIRARDI, 2005, p.70)

3.2. Primeiras aberturas do Poder Judiciário

De acordo com Enézio de Deus Silva Junior (2011, p.169 e 170), a primeira abertura do Poder Jurídico que merece destaque ocorreu na cidade de Catanduva, interior de São Paulo, quando o magistrado aceitou que um casal formado por dois homens, que conviviam em união estável há mais de dez anos, entrasse para a fila de espera de pais adotivos. Dentre os fundamentos para sua decisão, orientou-se pela Resolução 1/99, do Conselho Federal de Psicologia que, estabelecendo normas de atuação para os (as) psicólogos (as) em relação à orientação sexual, veda qualquer tipo de tratamento discriminatório em relação à homossexualidade.

Tratava-se de um casal formado por dois empresários cabeleireiros que conseguiram o direito de ingresso, em conjunto, para a fila de espera de pais adotivos, após a realização de uma série de testes, questionários, submetendo sua vida afetivo-familiar a investigações e análises de psicólogos e assistentes sociais daquela comarca.

Outra abertura impactante ocorreu na cidade de Bagé/RS, quando o Juiz da Vara de Infância e Juventude possibilitou a adoção de duas crianças a um casal formado por duas mulheres, as quais conviviam em união estável há mais de oito anos, sendo que uma delas já havia conseguido a adoção das duas crianças. O magistrado de 1ª Instância entendeu por estender à companheira da mãe adotiva o vínculo da maternidade para com as crianças. Contrário à decisão, o MP interpôs recurso, ao qual foi negado provimento.

Ao prolatar o seu voto, Desembargador-Relator Dr. Luiz Felipe Brasil Santos afirmou que não importa o sexo das pessoas, quando o casal já possui todas as características de uma união estável, ou seja, conviver junto com o intuito de constituir uma família, bem como ter uma relação pública e duradoura. (TJRS – AC 70013801592 – 7ª C.Cív. – Rel. Des. Luiz Felipe Brasil Santos, j. 5/5/2006)

Ainda inconformado, o MP recorreu ao STJ, sendo que a Quarta Turma reafirmou o entendimento já consolidado por esse Órgão Superior, no sentido de que deve prevalecer sempre o melhor interesse para o adotando.

Por fim, o caso que merece mais destaque ocorreu em 2015, quando o Supremo Tribunal Federal (STF) manteve decisão de acórdão do Tribunal de Justiça do Paraná (TJPR), que autorizou a adoção conjunta para um casal gay, em julgamento de recurso extraordinário interposto pelo Ministério Público do Paraná (MP-PR).

Um casal formado por dois homens entrou, em 2005, com pedido de habilitação para adoção junto à Vara da Infância e Juventude de Curitiba. O juiz foi favorável à adoção conjunta, mas colocou duas restrições: as crianças a serem adotadas tinham que ser meninas e ter mais de 10 anos de idade. Eles recorreram ao TJPR, que entendeu estarem habilitados para a adoção, e que não havia limitação quanto ao sexo e à idade dos adotandos, em razão da orientação sexual dos adotantes. (TJPR – 2ª Câmara Cível – AC 529.976-1 – Rel. Juiz Conv. D'Artagnan Serpa Só – j. 11/03/2009)

O MP-PR recorreu ao Superior Tribunal de Justiça (STJ) e ao Supremo Tribunal Federal (STF) contra a decisão do TJPR, alegando que o casal não formava uma entidade familiar e, portanto, não estaria apto a adotar filhos em conjunto. Argumentou, ainda, que a Constituição da República não prevê expressamente outras configurações familiares, exceto a formada por homem e mulher, de forma intencional, para "não eleger (o que perdura até a atualidade) a união de pessoas do mesmo sexo como caracterizadores de entidade familiar".

No STJ, o recurso foi indeferido. Em 2010, no STF, o ministro Marco Aurélio Mello rejeitou o recurso, porque a matéria em discussão era a restrição quanto à idade e ao sexo das crianças, e não ao conceito de entidade familiar. Depois, o MP interpôs o recurso extraordinário ao STF. No entanto, a decisão do TJPR permanecia valendo, porque o recurso do MP não tinha efeitos suspensivos, e o casal pôde adotar seu primeiro filho em 2012, em outro estado, e em 2014 obtiveram a guarda de mais um menino e uma menina.

A ministra Cármen Lúcia, relatora do caso, ressaltou que as uniões homoafetivas já são reconhecidas como entidade familiar, com origem em um vínculo afetivo, e merecem tutela legal. Segundo ela, não há razão para limitar a adoção, criando obstáculos onde a lei não prevê.

Em seu voto, afirmou que:

> Delimitar o sexo e a idade da criança a ser adotada por casal homoafetivo é transformar a sublime relação de filiação, sem vínculos biológicos, em ato de caridade provido de obrigações sociais e totalmente desprovido de amor e comprometimento." (Recurso Extraordinário 846.102 (722) Origem: AC – 529976101 – TJPR. Rel.: Min. Cármen Lúcia

A ministra incluiu em seu voto a interpretação da Corte no julgamento da ADI 4277/ADPF 132 (2011), de relatoria do então ministro Carlos Ayres Britto, que reconheceu a união homoafetiva como entidade familiar. (Rover, 2015)

3.3. Princípio do melhor interesse da criança e do adolescente.

Para tratar da adoção por casais homoafetivos, necessário se faz tratar da questão da paternidade, que é dividida em três espécies: biológica, socioafetiva e jurídica.

A paternidade biológica pode ser entendida por aquela que se origina da relação de sangue entre as partes, ou seja, entre pais e filhos. A socioafetiva é aquela decorrente de convivência familiar e afetividade, visando uma relação de paternidade fundada nesse binômio e não pela relação sanguínea. A jurídica, na qual se insere a adoção, é a constituída por lei ou sentença. Tanto a paternidade socioafetiva quanto a jurídica primam pelo princípio do melhor interesse da criança e do adolescente.

Acerca desse princípio, Guilherme Calmon Nogueira da Gama dispõe que: (2008, p.80)

> O princípio do melhor interesse da criança e do adolescente representa importante mudança do eixo nas relações paterno-materno-filiais, em que o filho deixa de ser considerado objeto para ser alçado a sujeito de direito, ou seja, a pessoa humana merecedora de tutela do ordenamento jurídico, mas com absoluta prioridade comparativamente aos demais integrantes da família de que ele participa. Cuida-se, assim, de reparar um grave equívoco na história da civilização humana em que o menor era relegado a plano inferior, ao não titularizar ou exercer qualquer função na família e na sociedade, ao menos para o direito.

Desfrutar de um ambiente familiar seguro, estável, onde seja valorizado o afeto, o cuidado e a mútua assistência, sem dúvida, encontra-se inserido no princípio do melhor interesse da criança e do adolescente, uma vez que o desenvolvimento, crescimento e formação de caráter da criança, enquanto cidadã detentora de direitos e deveres, depende de uma harmônica convivência familiar e comunitária.

Há que se ter em mente que o princípio norteador deve ser sempre o melhor interesse da criança, e não existe motivo legítimo para se retirar dela a possibilidade de viver com uma família. Se os parceiros – ainda que do mesmo sexo – vivem uma verdadeira união estável ou unem-se em matrimônio, é legítimo o interesse na adoção, havendo reais vantagens em favor de quem não pode ficar ao desabrigo de direitos.

O princípio do melhor interesse do menor encontra-se no ordenamento jurídico brasileiro, não só no texto da Constituição Federal como também na legislação infraconstitucional. Portanto, o artigo 227 da CF dá absoluta prioridade ao menor, dispondo sobre o dever da família, da sociedade e do Estado de assegurar à criança e ao adolescente seus direitos fundamentais, incluindo o direito à convivência familiar. O Estatuto da Criança e do Adolescente, por sua vez, trouxe o princípio do melhor interesse do menor implícito em todo o seu texto.

No que se refere à interpretação da lei, é imprescindível fazer referência ao artigo 6º do ECA, quando dispõe que "levar-se-ão em conta os fins sociais a que ela se dirige, às exigências do bem comum, os direitos e deveres individuais e coletivos, e a condição peculiar da criança e do adolescente como pessoa em desenvolvimento". Percebe-se, portanto, que o artigo 6º deve ser levado sempre em consideração, pois se trata do bem- estar da criança e do adolescente, tanto para a aplicação da lei, quanto para sua interpretação, priorizando o melhor interesse do menor sob quaisquer circunstâncias.

É tão importante tal princípio que, ao tratar da adoção, o ECA, por meio do artigo 43, condiciona o deferimento da adoção apenas quando *"apresentar reais vantagens para o adotando e fundar-se em motivos legítimos"*. Tanto é que a opinião da criança deverá, sempre que possível, ser levada em consideração. Não obstante a esse entendimento, o legislador ainda enfatizou essa questão no artigo 45, §2º, quando tornou obrigatório o consentimento do adotando maior de doze anos, como condição para a adoção.

Nossa jurisprudência está cada vez mais unida nas decisões que se fundamentam no princípio do melhor interesse do menor, principalmente quando se trata da adoção feita por pares homoafetivos, cuja análise do caso concreto está mais voltada para identificar os benefícios dessa adoção do que para a mera aceitação da sociedade em geral.

3.4. Posições favoráveis e contrárias à adoção por casais homoafetivos

A adoção por casais homoafetivos ainda gera grande polêmica entre nossos doutrinadores. Considerando que o objetivo principal da adoção é garantir o interesse da criança e do adolescente, pode-se dizer que o ponto mais problemático na adoção por casais homoafetivos é saber se essa espécie de adoção afetaria ou não a estrutura psicológica e emocional da criança ou adolescente.

As posições favoráveis tomam como base o disposto no artigo 43 do Estatuto da Criança e do Adolescente, o qual dispõe que: "A adoção será deferida quando apresentar reais vantagens para o adotando e fundar-se em motivos legítimos."

Caio Mário da Silva Pereira, ao tratar da adoção, afirma que: (2004, p.402)

> Sem qualquer restrição específica, tem-se admitido a adoção por homossexual, individualmente, após severo estudo psicossocial por uma equipe interdisciplinar que possa identificar na relação o melhor interesse do adotando.

De fato, a conduta social dos adotantes deverá ser analisada, sendo que essa análise deverá abranger sua reputação, bem como avaliar se os seu comportamento é , porventura, extravagante e desajustado, ou se os mesmos mantêm comportamento discreto Dessa forma, os que defendem essa corrente entendem que o único empecilho para o deferimento da adoção será, apenas, o comportamento dos adotantes e não suas opções sexuais. Há que mencionar, ainda, que o art.42 do ECA, que dispõe sobre as condições do adotante, não veda a adoção por casais homoafetivos.

Logo, para tais doutrinadores, e de acordo com Jacson Gross: (2017, p.72)

> A não aceitação da possibilidade de adoção por homossexuais ofende a CF, principalmente no tocante ao princípio da dignidade – que é um princípio de inclusão, e não de exclusão-, e a própria constituição do ser humano, priorizando a família como forma de realização pessoal, e de felicidade do indivíduo.

Os doutrinadores contrários à adoção por casais homoafetivos entendem, por sua vez, que as crianças ou adolescentes que vierem a conviver com um casal homoafetivo poderão crescer desajustados dentro da sociedade. Entendem, ainda, que o adotando sofrerá muito em decorrência de vivermos, ainda, em uma sociedade preconceituosa, que discrimina opções sexuais diversas da heterossexualidade, podendo, inclusive, afetar seu desenvolvimento. Acrescentam que o fato de os pais do adotado serem diferentes do que a nossa sociedade considera "normal" acarretaria a ele enormes prejuízos, podendo até traumatizá-lo com graves consequências na sua vida adulta.

Corroborando com esse entendimento, mister mencionar o de Eduardo de Oliveira Leite: (2005, p.140)

> Fica a pergunta: porque fomentar tais situações atípicas se podemos encontrar no ambiente familiar natural elementos suficientes à garantia da fundamental segurança e equilíbrio que todas as crianças do mundo precisam? Por que favorecer situações de resultado imprevisível se a ciência mais abalizada nos demonstra o risco de tais opções? Por que, em nome das crianças (que quase nunca são ouvidas), impor situações que ficam negadas pelas noções mais elementares da razoabilidade e do bom senso? Por que o ônus de nossa constante curiosidade irresponsável deve recair sob o mundo infantil, naturalmente passivo e alheio as mais estranhas manobras e maquinações?

Por todo o exposto, resta evidente que essa controvérsia permanecerá por muito tempo ainda, sendo oportunas e sábias as palavras de Sílvio Venosa ao afirmar que: "*somente o futuro nos apontará o caminho.*" (2008, p.289)

3.5. O processo de adoção

No Brasil, o processo de adoção ocorre em várias etapas. Os interessados em adotar devem, em primeiro lugar, apresentar um requerimento com a solicitação de inscrição no cadastro do banco de adoção, juntamente com os documentos exigidos e a indicação das características da criança que querem adotar. Esse requerimento é autuado em Cartório e recebe numeração em ordem cronológica crescente, conforme a respectiva apresentação dos candidatos. Posteriormente, os autos são encaminhados ao Setor Técnico do Fórum, para serem realizadas as avaliações psicológicas e sociais. Em seguida, os autos são encaminhados, com as respectivas avaliações, à Curadoria da Infância e Juventude, para manifestação de seus representantes. Após essa manifestação, seguirão para despacho do Juiz. Em caso de deferimento, os candidatos passarão a fazer parte do cadastro e aguardarão a chamada da respectiva Vara, para que possam conhecer as crianças com as características informadas, previamente, em seus cadastros.

Caso o adotando tenha mais de doze anos, será necessária a sua oitiva, bem como concordância ou não quanto ao processo de adoção, conforme §2º, do artigo 45 do ECA. Em relação às crianças menores de doze anos, conforme o mesmo dispositivo legal, aquelas que tiverem condições de se expressar deverão ser ouvidas pelo Juiz antes da decisão final do mesmo.

São requisitos para o adotante: a) ser maior de dezoito anos; b) ser pelo menos dezesseis anos mais velho que o adotado; c) adotar conjuntamente, quando forem casados ou viverem em união estável, ou forem separados judicialmente, desde que o período de convivência com a criança tenha se iniciado antes da separação, e desde que acordem quanto à guarda e visitas. Além disso, a adoção deve significar vantagens ao adotado, visando o seu melhor interesse, proporcionando ambiente familiar em que ele possa se desenvolver psíquica e fisicamente de maneira saudável.

O parecer psicológico é de extrema importância no processo judicial de adoção para que o Juiz possa ter acesso a informações relevantes que fujam do seu conhecimento técnico. Todavia, cabe ressaltar que o Juiz não está obrigado a concordar com tais avaliações.

De acordo com Mariana de Oliveira Farias e Ana Claudia Bortolozzi Maia: (2012, p.101 e 102)

> De maneira geral, nos casos de adoção, os procedimentos realizados pelos psicólogos incluem: entrevista com os candidatos a pais adotivos, entrevistas com crianças e/ou adolescentes sobre a possibilidade de serem colocados em lares substitutos, acompanhamento dos pais biológicos que pensam em entregar o filho (a) para adoção ou que estão em vias de perder o poder familiar, aproximação gradual entre os inscritos para serem adotantes e os possíveis adotados, assessoria à família adotiva no período de convivência e acompanhamento das famílias adotivas que estão com dificuldades.

Cabe ao Fórum informar quando uma criança ou adolescente no perfil escolhido pelo casal é identificado. Geralmente, o primeiro contato se dá no abrigo onde ela (e) vive. É lá que todos passam um período se conhecendo. Havendo compatibilidade entre quem está pleiteando a adoção e o possível adotado, a criança ou adolescente é levado para a casa dos candidatos a pai e mãe, provisoriamente, em um período de avaliação. O Juiz, então, inicia um processo de análise que culmina em uma decisão definitiva.

Se tudo correr bem, será deferida a guarda provisória da criança já no decorrer do processo judicial de adoção. A duração de todo o processo não é padronizada, variando de caso a caso. Geralmente, a adoção definitiva sai em menos de um ano.

Conclusões

O presente estudo buscou, especificamente, abordar a possibilidade ou não da adoção homoafetiva, de acordo com o ordenamento jurídico brasileiro.

Para evolução do tema, foram destacados conceitos importantes como a visão da homossexualidade ao longo dos anos, o processo de adoção propriamente dito, o caminho percorrido pela aceitação da adoção por casais homoafetivos, os avanços do Poder Judiciário, as posições contrárias e favoráveis a esse instituto. Por tudo que foi exposto, resta evidente que a adoção por casais homoafetivos permanecerá dividindo as opiniões de nossos doutrinadores por muito tempo.

Se o que realmente importa é o melhor interesse da criança e do adolescente, estudos psicológicos e sociais constantemente realizados demonstram, claramente, que esse entendimento está na formação de novos núcleos familiares, independente do sexo dos adotandos, proporcionando afeto e melhores condições para seu desenvolvimento. Por que, então, não legalizar, de uma vez por todas, essa espécie de adoção?

Não há provas de que a convivência de uma criança com um casal homoafetivo prejudique seu desenvolvimento, inexistindo, ainda, qualquer relação entre sua opção sexual e a de seus pais adotivos. Vale lembrar que a imensa maioria dos homoafetivos são pessoas que nasceram de casais heteroafetivos. Logo, se a orientação sexual dos pais não influiu em milhares de *gays*, por que a dos *gays* influenciaria a de héteros?

Nesse passo, cabe uma reflexão: Não podemos permitir que os nossos preconceitos impeçam a adoção, e que nossas crianças e adolescentes deixem de receber toda assistência necessária para que se tornem adultos saudáveis e bem estruturados.

Fato é que a adoção jamais deverá ser condicionada à opção sexual dos adotandos e sim à capacidade que possuem de amar e ensinar valores a essas crianças e adolescentes.

REFERÊNCIAS

BARBOZA, Heloisa Helena. **Efeitos jurídicos do parentesco socioafetivo**. Revista Brasileira de Direito das Famílias e Sucessões, Porto Alegre: Magister; Belo Horizonte: IBDFAM, ano 10, n. 9, p.31, abr./maio 2009.

BRASIL.**Estatuto da Criança e do Adolescente**. Disponível em: http://www.planalto.gov.br/ccivil_03/LEIS/L8069.htm Acesso em: 01º/04/2019

CHAVES. Antonio. **Adoção**. Belo Horizonte: Del Rey, 1995.

DIAS, Maria Berenice. **Manual de Direito das Famílias**. 5°ed. São Paulo: Editora Revista do Tribunais, 2009.

DINIZ, Maria Helena. **Curso de Direito Civil Brasileiro.** 26. ed. São Paulo: Saraiva, 2011.

FACHIN, Luiz Edson. **Direito de Família**: elementos críticos à luz do novo Código Civil brasileiro. Coordenador: Ricardo Pereira Lira. 2.ed. Rio de Janeiro: Renovar, 2003. p.17.

FARIAS, Mariana de Oliveira; MAIA, Ana Cláudia Bortolozzi. **ADOÇÃO POR HOMOSSEXUAIS – A família homoparental sob o olhar da psicologia jurídica**. 2ª Ed. Curitiba: Juruá, 2012.

FUJITA, Jorge Shiguemitsu. **Filiação.** 2.ed. São Paulo: Atlas, 2011.

GIRARDI. Viviane. **Famílias Contemporâneas, Filiação e Afeto – A possibilidade Jurídica da Adoção por Homossexuais**. Porto Alegre: Livraria do Advogado, 2005

GONÇALVES, Carlos Roberto. **Direito Civil Brasileiro. Vol.06 – Direito de Família,** 15ª ed. São Paulo: Saraiva, 2018.

IBDFAM. **STF reconhece direito de casal gay adotar sem restrições de idade e sexo. Disponível em: http://www.ibdfam.org.br/noticias/5580/STF+reconhece+direito+de+casal+gay++adotar+s em+restri%C3%A7%C3%B5es+de+idade+e+sexo Acesso em: 01º/04/2019**

LEITE, Eduardo de Oliveira. **Direito Civil Aplicado. 5º vol.** São Paulo: Ed. Revista dos Tribunais, 2005

PEREIRA, Caio Mário da Silva. **Instituições de Direito Civil. 5º vol.** Rio de Janeiro: Ed. Forense, 2004.

ROVER, Tadeu. **Cármen Lúcia reconhece adoção, sem restrição de idade, por casal gay.** Disponível em: https://www.conjur.com.br/2015-mar-20/carmen-lucia-reconhece-adocao-restricao-idade- casal-gay Acesso em: 08/04/2019

SILVA JUNIOR, Enézio de Deus. **A Possibilidade Jurídica de Adoção por Casais Homoafetivos.** 5ª Ed. Curitiba: Ed. Juruá, 2011.

VENOSA, Sílvio de Salvo. **Direito Civil. 6º vol.** São Paulo. Ed. Atlas, 2008

3.
POLIAFETIVIDADE: UMA REALIDADE NO DIREITO BRASILEIRO

Introdução

A constante transformação de nossa sociedade é, certamente, um dos fatores preponderantes a determinar maior flexibilização do conceito de família em nosso Direito. O Código Civil de 1916, admitia, unicamente, o casamento civil como elemento formador da família, muito embora nossas doutrina e jurisprudência já passassem a admitir a união estável. Com a promulgação da Constituição Federal de 1988, reconheceu-se a união estável também como elemento formador de uma família, bem como o núcleo formado por apenas um dos genitores e seus descendentes.

Logo, outra inovação foi trazida à tona ao se considerar a possibilidade de união estável decorrente de pessoas do mesmo sexo (união homoafetiva). Em maio de 2011, o STF, por votação unânime, julgou procedente uma ação direta de inconstitucionalidade (ADIn 4.277), atribuindo a essa espécie de união as mesmas regras e consequências oriundas da união estável heterossexual ou heteroafetiva.

Há algum tempo nossos meios de comunicação passaram a abordar uma outra modalidade de união. Nos cinemas, tivemos exemplos como dos filmes "Dona Flor e seus dois maridos", e "Eu, Tu, Eles". Ambos retratam a união decorrente de dois homens e uma mulher, ou seja, a união poliafetiva, também conhecida como relação múltipla, conjunta ou poliamor. Mas seria isso, apenas, ficção oriunda de mentes férteis e criativas?

Um fato ocorrido em agosto de 2012, na comarca de Tupã, no Estado de São Paulo, pôs fim a esse questionamento: uma cartorária lavrou uma escritura pública de união estável, com o objetivo de regularizar a situação existente entre um homem e duas mulheres que já viviam juntos há mais de três anos. Foi estabelecido o regime de comunhão parcial de bens, dever de assistência, administração de bens pelo marido, enfim, todos os direitos decorrentes de uma união estável entre um homem e uma mulher.

A principal justificativa para essa lavratura decorreu da inexistência de previsão legal, e da influência dos princípios constitucionais de igualdade, dignidade da pessoa humana e da liberdade. Essa ocorrência, evidentemente, repercutiu em nosso meio jurídico, dividindo, até hoje, a opinião de nossos doutrinadores.

1. Evolução do conceito de família ao longo dos anos

Etimologicamente, perduram dúvidas quanto à origem da palavra família. Há quem afirme que vem do latim fames ("fome") e quem afirme que deriva do termo *famulus* ("servente"). Por isso, acredita-se que, originariamente, o conceito de família era usado para fazer alusão ao conjunto de escravos e criados pertencentes a um homem só.

A origem da família é verificada como uma forma de agrupamento informal, no momento em que as pessoas começaram a viver aos pares, determinando serem ligadas a partir dos vínculos afetivos existentes entre elas.

Com o maior desenvolvimento das civilizações, o termo passou a referir-se a grandes grupos ligados pelo mesmo sangue, originários do mesmo tronco familiar, ou seja, de um único patriarca. Contudo, com o passar do tempo, o termo passou a referir-se aos grupos familiares menores, formados a partir da união de homem e mulher, pelo ato solene do casamento, o que foi convalidado, inclusive, pela Igreja Católica. (PINHO, 2016)

As transformações sociais ocorridas durante o século XX alteraram, gradativamente, o Direito de Família brasileiro, culminando no advento da Constituição Federal de 1988. Esta ampliou e flexibilizou o conceito de "família", admitindo-se a família monoparental, bem como reconhecendo a união estável de homem e mulher como entidade familiar.

Outro ponto fundamental da nossa Carta Magna é a proteção dada pelo Estado à família, que é a base de qualquer sociedade; além do mais, por meio da Constituição, tornou-se possível a pluralidade de famílias. Dessa forma, mesmo a Constituição sendo o norte para o ordenamento jurídico, foi preciso o julgalmento conjunto da ADPF 132 – aRJ, e da ADI 4.277 – DF, pelo STF, para que houvesse o reconhecimento da união estável homoafetiva como entidade familiar, com os mesmos direitos e deveres atribuídos aos casais heteroafetivos. (LIMA,2018)

A família é uma das instituições mais importantes da sociedade e ela vem, ao longo do tempo, passando por diversas transformações, alterando o seu significado, de acordo com o ambiente e com o momento histórico em que se encontra.

A afetividade torna-se um elemento essencial para a caracterização de uma família, de modo que o Direito passa a analisar o núcleo familiar não somente sob a ótica da integra uma entidade familiar. (VIEGAS; CEOLIN, 2018). Nesse passo, merece destaque uma

nova forma de família, surgida com o passar do tempo, e que será tratada a seguir: a família poliafetiva, originada do poliamor ou da poliafetividade.

2. Poliamor ou poliafetividade

O poliamor, assim como a união homoafetiva, sempre esteve presente na humanidade, desde os tempos mais primórdios até os dias atuais. No Brasil não é diferente. Porém o conceito de família, no nosso ordenamento, sempre se deu com base na monogamia. (FRASSON, 2018)

Para Rolf Madaleno: (2012, p. B26)

> Poliamor é a simultaneidade de duas ou mais relações amorosas paralelas, em que seus membros têm ciência dos vários vínculos afetivos mantidos e aceitam uns aos outros, caracterizando uma relação múltipla e aberta. O conhecimento de todos os membros familiares é que diferencia esta relação das famílias paralelas ou simultâneas, nas quais não se verifica o referido elemento.

Diz Pablo Stolzer acerca do tema: (2008, p. 51-61):

> O poliamorismo ou poliamor, teoria psicológica que começa a descortinar-se para o Direito, admite a possibilidade de coexistirem duas ou mais relações afetivas paralelas, em que os seus partícipes conhecem e aceitam uns aos outros, em uma relação múltipla e aberta.

Sua prática é analisada sob o ponto de vista psicológico, que o atribui como certa capacidade que determinadas pessoas possuem de manter relações afetivas com mais de um indivíduo num mesmo espaço de tempo. O consentimento entre as partes que integram os envolvimentos paralelos é uma das principais características que distingue o poliamor da poligamia, posto que aquele não fere a fidelidade conjugal estabelecida entre os casais que aderem a essa prática. Não existem conflitos entre as partes, que aceitam livremente o convívio afetivo paralelo de seus parceiros com outras pessoas (MAZZO; ANGELUCI, 2014).

O que muitos desconhecem é o fato de que o reconhecimento estatal de relações paralelas depende do preenchimento de alguns requisitos necessários, que irão caracterizar a existência ou não dessa prática. Há critérios que precisam ser analisados, quando as relações de poliamor forem submetidas à apreciação jurídica, destacando-se, dentre os principais, o consentimento entre as partes envolvidas, a convivência pública, contínua e duradoura, e o objetivo de constituir família. (MALMONGE, 2017)

Nas palavras de Giovana Pelagio Melo (2010):

> o poliamorismo apresenta-se como outra visão do amor, onde há a opção de maior troca entre os parceiros, gerando um equilíbrio harmômico sem a ocorrência de frustrações. A prática não constitui em procurar obsessivamente novas relações afetivas para suprir outras afeições, mas sim de poder viver com a ideia de liberdade individual, que acaba por possibilitar a criação de sentimentos como a amizade e o companheirismo.

Rodolfo Pamplona Filho diferencia o poliamor da poliafetividade ao afirmar que: (2019)

> O Poliamor é um relacionamento não monogâmico, aberto ou fechado, em que três ou mais pessoas convivem amorosamente, de forma simultânea, com o conhecimento e consentimento de todos os envolvidos, tomando por base a lealdade, a honestidade, o amor e a ética (a boa-fé-objetiva). A poliafetividade, por sua vez, decorre do poliamor qualificado pelo objetivo de constituir família, ou seja, um núcleo familiar formado por três ou mais pessoas, que manifestam livremente a vontade de constituir família, partilhando objetivos comuns, fundados na afetividade, boa-fé e solidariedade. As definições supramencionadas ensejam a conclusão de que nem toda relação de poliamor seria apta a legitimar a constituição de uma família, por faltar-lhe a poliafetividade.

O fato é que, embora ainda seja algo pouco comum e pouco aceito pelos padrões sociais, não há impedimento legal algum no Código Civil, no Código

Penal e tampouco na Constituição Federal que proíba que as pessoas mantenham relações poliafetivas, haja vista o que se cocnsidera crime é apenas a bigamia (contração de matrimônio já sendo casado). Em não se tratando de casamento, mas apenas de uma relação privada, não há que se falar em impedimento. (VALENTE, 2012)

Foi a internet que exerceu grande papel na formação do conceito de poliamor. As pesquisas sobre o tema geralmente apontam como fontes confiáveis não apenas livros ou trabalhos acadêmicos, mas sites que tratam sobre o assunto. O *site* eletrônico *Loving More*, uma das mais importantes ferramentas acerca do tema, refere-se ao poliamor como o amor romântico nutrido por mais de uma pessoa, com base na ética, na honestidade, e com o conhecimento e consentimento total dos outros integrantes da relação.

As famílias poliafetivas, fundadas, principalmente, no princípio da afetividade, encontram respaldo nos princípios da dignidade da pessoa humana, da liberdade, da igualdade e da pluralidade das entidades familiares.

2.1. Diferença entre poliamor, poligamia e famílias simultâneas

Não há que se confundir a poligamia com o poliamor. Eles têm a mesma estrutura emocional e a mesma formação, ou seja, um indivíduo tem um relacionamento amoroso e sexual com várias pessoas ao mesmo tempo, mas há uma diferença: a poligamia requer um vínculo legal (ou similar) estabelecido e socialmente aceito. Já o poliamor não exige mais do que a vontade dos membros do relacionamento, e não há nenhum tipo de compromisso, tampouco ser durável.

A Poligamia, prática aceita em diversos países, traz, em seu termo, uma carga pejorativa resultante de uma cultura patriarcal na qual, em regra (admite exceções), apenas o homem pode casar-se com mais de uma mulher. Em geral, esse instituto associa-se, ainda, com localidades e religiões específicas. Porém, casar-se com várias mulheres ou vários homens não significa, necessariamente, nutrir sentimentos por todos. (FRANÇA, 2015) No poliamor, o casamento deixa de ser requisito. A base é o amor, o afeto entre as pessoas.

Ainda, o enfoque do poliamor não seria o sexo, e sim o sentimento e a intimidade. Trata-se, portanto, da possibilidade de uma pessoa sentir amor por mais de uma pessoa ao mesmo tempo.

A palavra "poliafetividade" é, em si, um neologismo cunhado para designar casos em que há um único relacionamento afetivo entre mais de duas pessoas que se aceitam e convivem entre si, em configurações que, muitas vezes, assumem o caráter de um núcleo familiar. Trata-se, portanto, de um termo distinto da "poligamia", que é pautada na simultaneidade de relações matrimoniais, independentemente dos demais requisitos para a constituição familiar. (CARIJÉ, 2019)

Por fim, não há que confundir famílias simultâneas com poliamor. Aquelas são fundadas quando há dois núcleos familiares, com um membro em comum ligado a ambos. No poliamorismo, por outro lado, a relação afetiva se dá entre todos os membros, sendo eles três, quatro ou quantas pessoas estiverem unidas por esse vínculo, de maneira consensual.

2.2. Posições favoráveis e contrárias ao poliamor

Após polêmica gerada pelo Conselho Nacional de Justiça (CNJ), ao recomendar a suspensão das emissões de escrituras públicas de reconhecimento de uniões civis entre mais de duas pessoas, reforçou-se ainda mais a polêmica quanto ao poliamor. O assunto teve grande repercussão no âmbito nacional, por atentar contra o extremo conservadorismo cravado na conceituação de "família tradicional brasileira".

A questão gira em torno de que muitos fundamentam a monogamia como um princípio absoluto a ser seguido, considerando qualquer outro tipo de relacionamento afetivo inaceitável perante o Estado, o Direito e a sociedade. De um lado, temos a Associação Brasileira de Direito de Família – ADFAS, manifestando-se absolutamente contrária ao poliamor. De outro, temos o Instituto Brasileiro de Direito de Família – IBDFAM manifestando-se a favor.

Ao iniciar a sua argumentação, a ADFAS afirma que as relações poliafetivas "não têm eficácia jurídica, violam os mais básicos princípios familiares, as regras constitucionais sobre família, a dignidade da pessoa humana e as leis civis, assim como contrariam a moral e os costumes da nação brasileira" (ADFAS, 2016, p. 6). Assim, atribui a esse tipo de relacionamento uma suposta incompatibilidade absoluta com o regime constitucional vigente, inclusive de forma a desafiar a sua base principiológica.

Para justificar a rigidez do seu posicionamento, a ADFAS equipara as famílias poliafetivas constituídas sob a égide da união estável à poligamia, prática que, de fato, é expressamente vedada pelo direito brasileiro.

De acordo com a ADFAS: (2016)

> 6. A escritura pública de "união poliafetiva" como entidade familiar é marcada pela ilegalidade à luz das disposições constitucionais e infraconstitucionais vigentes no Brasil.

> 7. Essa tentativa de ampliação das entidades familiares é realizada ao arrepio da Lei Maior, cujo art. 226, § 3º, prevê expressamente que a união estável é monogâmica, podendo ser constituída somente por duas pessoas.
> 8. O Código Civil brasileiro estabelece no art. 1.723, caput, o reconhecimento da união estável como entidade familiar, destacando sua formação entre duas pessoas e o seu objetivo específico de constituição de família. Esse artigo passou a ser aplicado também à união homossexual em razão do acórdão proferido pelo Supremo Tribunal Federal na ADPF 132 e na ADI 4277, sem que tenha sido abandonado, muito ao contrário o princípio da monogamia.

Acrescenta: (2016)

> 12. Deve ser notada a utilização da expressão que qualifica essas relações como "poliafetivas". Essa expressão é um engodo, na medida em que, por meio de sua utilização, procura-se validar relacionamentos com formação poligâmica, com base na alegação de que por haver afeto caberia aí a configuração de uma união estável, ou seja, de uma entidade familiar.
> 13. Deve-se afastar o argumento falacioso segundo o qual todas as relações em que há afetividade devem ser protegidas pelo Direito. O Direito somente tutela a afetividade em caso de relações lícitas, válidas e que acatam a ordem jurídica. Não existe suporte normativo em nosso ordenamento jurídico para a atribuição de efeitos de Direito de Família e de Direito Sucessório a esse tipo de relação.

Vale ressaltar que o pedido de providências efetuado pela ADFAS e julgado procedente pelo Conselho Nacional de Justiça restringiu-se apenas à vedação da lavratura de escrituras de poliamor como união estáveis.

A presidente do CNJ e do STF, ministra Cármen Lúcia, fez uma ressalva para delimitar o objeto da discussão: (ADFAS, 2018)

> O desempenho das serventias (cartórios) está sujeito à fiscalização e ao controle da Corregedoria Nacional de Justiça. Por isso exatamente que o pedido (da ADFAS) foi assim formulado: Não é atribuição do CNJ tratar da relação entre as pessoas, mas do dever e do poder dos cartórios de lavrar escrituras. Não temos nada com a vida de ninguém. A liberdade de conviver não está sob a competência do CNJ. Todos somos livres, de acordo com a constituição.

Regina Beatriz Tavares da Silva, presidente nacional da ADFAS, declara que: (2012)

> a expressão poliafeto é um engodo, um estelionato jurídico, na medida em que, por meio de sua utitlização, procura-se validar relacionamentos com formação poligâmica.
>
> Esse tipo de relação é palco propício a deixar mazelas nas pessoas que, excepcionalmente, assim convivem.
>
> Com efeito, não como se admitir, observados os contornos sociais e jurídicos brasileiros, que o casamento e a união estável deixaram de ser monoogâmicos.

Em outro artigo de sua autoria, é mais incisiva, ainda, ao afirmar que: (2018)

> Lamentável, no entanto, a postura de alguns que insistem em disseminar o tal poliamor ou poligamia como algo fabuloso, como ocorreu em programa de televisão, que em 16 de outubro deste ano de 2018, portanto, após a decisão do CNJ, veiculou a celebração de união de casal que escolheu seus amantes "favoritos" para serem padrinhos, o que é poligamia também, realizada pela mesma Tabeliã de Notas do Rio de Janeiro responsável por uma das escrituras que deu ensejo ao pedido de providências da ADFAS ao CNJ.
>
> Algo que deveria soar no mínimo bizarro, sendo cultuado e meticulosamente planejado de forma a ludibriar as pessoas de que é possível realizar união estável entre mais de duas pessoas, enquanto, na realidade, a decisão do CNJ, em conformidade com nossa legislação e Constituição, foi extremamente clara: nenhum cartório brasileiro pode realizar contrato de poligamia.
>
> O CNJ afirmou: amantes não compõem uma relação familiar. A Tabeliã vai a um programa de televisão e celebra um documento de união estável entre duas pessoas em que os padrinhos declaradamente são os amantes dos signatários daquele documento.
>
> Ora, a burla é evidente, a propaganda enganosa de que as relações poligâmicas podem ser cultuadas no Brasil é vergonhosa! E tudo sob as "bênçãos" de uma Tabeliã de Notas que deveria cumprir a ordem jurídica, em especial diante do princípio da fé pública que deveria nortear sua conduta.

De outro lado, temos o Instituto Brasileiro de Direito de Família que, intimado pelo CNJ a apresentar as manifestações necessárias, posicionou-se pela improcedência do pedido.

Diz a manifestação do IBDFAM que: (2018)

> O pedido de providências deve ser julgado improcedente, uma vez que obstar o reconhecimento jurídico das uniões poliafetivas afrontaria os princípios da liberdade, igualdade, não intervenção estatal na vida privada, não hierarquização das formas constituídas de família e pluralidade das formas constituídas de família.

No entendimento de Rodrigo da Cunha Pereira, Presidente do IBDFAM: (2018)

> É um retrocesso. É continuar repetindo injustiças históricas no Direito de Família. Você pode não gostar de relações poliafetivas, mas tem de proteger quem gosta. O Estado não tem de entrar na esfera privada das pessoas. Importante lembrar que até a Constituição de 1988 a união estável não era reconhecida e os filhos havidos fora do casamento não podiam ser registrados porque eram considerados ilegítimos. É o que querem fazer agora com as relações poliafetivas: elas existem, mas fingem que não existem...
>
> Embora se assemelhem, a união poliafetiva se distingue da união simultânea ou paralela, porque nesta, nem sempre as pessoas têm conhecimento da outra relação, e geralmente acontece na clandestinidade, ou seja, umas das partes não sabe que o(a) marido/esposa companheiro(a) tem outra relação. Em alguns casos tem-se uma família paralela, em outras apenas uma relação de amantes e da qual não há consequências jurídicas. Na união poliafetiva, todos os envolvidos sabem da existência dos outros afetos, e muitas vezes vivem sob o mesmo teto compartilhando entre si os afetos. O filme Eu, Tu, Eles, de Andrucha Waddington (Brasil 2000), retrata esta realidade vivenciada por uma mulher e três homens vivendo numa mesma casa.

Segundo a desembargadora aposentada e vice-presidente do Instituto Brasileiro de Direito de Família – IBDFAM, Maria Berenice Dias, a decisão do CNJ vai na contramão de todos os avanços que vêm acontecendo neste século: (2018)

> O significado do julgamento é uma sentença de reprovabilidade com relação a algo que existe, sempre existiu e vai continuar existindo, com escritura pública ou sem escritura pública. No momento em que tais situações baterem às portas do Poder Judiciário caberá à Justiça dizer se existirão efeitos jurídicos daquela manifestação. É de lastimar que órgão administrativo maior do Poder Judiciário tenha uma visão tão conservadora da sociedade de fato, como ela é.

Acrescenta Dias: (2018)

> Desde que o IBDFAM – Instituo Brasileiro de Direito de Família, evidenciou ser o afeto o elemento identificador da entidade familiar, passou-se a reconhecer que o conceito de família não pode ser engessado no modelo sacralizado do matrimônio. Apesar dos avanços, resistências ainda existem. Assim, há que se reconhecer como transparente e honesta a instrumentalização levada a efeito, que traz a livre manifestação de vontade de todos, quanto aos efeitos da relação mantida a três. Lealdade não lhes faltou ao formalizarem o desejo de ver partilhado, de forma igualitária, direitos e deveres mútuos, aos moldes da união estável, a evidenciar a postura ética dos firmatários. Não há como deixar de reconhecer a validade da escritura. Tivessem eles firmado dois ou três instrumentos declaratórios de uniões dúplices, a justiça não poderia eleger um dos relacionamentos como válido e negar a existência das demais manifestações. Não se poderia falar em adultério para reconhecer, por exemplo, a anulabilidade das doações promovidas pelo cônjuge adúltero ao seu cúmplice (CC 550) ou a revogabilidade das transferências de bens feitas ao concubino (CC 1.642 V).

Giselda Hironaka também se mostra favorável ao poliamor: (2013)

> No que diz respeito, propriamente, aos modelos familiares de conjugalidades concomitantes, isto é, a famílias conjugais (por casamento ou por união estável) paralelas ou simultâneas, o assunto tem caminhado a passos duros e lentos, com a maioria dos julgados não reconhecendo a possibilidade de tutela concomitante. Mas, aqui e ali, já se apresentam decisões que, corajosamente, já têm chancelado a possibilidade de reconhecimento. Chegaremos lá, num futuro nem tão longínquo, quiçá,

quando a jurisprudência se enrobustecerá e o Poder Legislativo – ou o ativismo do Poder Judiciário – entenderem que "a lei não refaz a sociedade, mas que a sociedade refaz a lei! "

Assim consideradas as entidades familiares, simples seria a conclusão acerca licitude da simultaneidade conjugal, situação em que concorreriam, em igualdade de condições, ambos os núcleos, relativamente a direitos e deveres daí derivados. Mas a verdade é que tanto a doutrina, quanto a jurisprudência, têm se dividido quanto a considerar lícita ou ilícita esta simultaneidade de relacionamentos familiais. Pessoalmente considero a possibilidade de se concluir pela licitude da simultaneidade dos relacionamentos, com consequências jurídicas e protetivas, em muitos dos casos. O que, segundo o meu sentir, tem basicamente produzido esta divergência doutrinária e, por consequência, jurisprudencial, é o fato de se considerar a monogamia como princípio, ou como regra do direito de família, bem como do fato de se utilizar, na hipótese de aplicação de princípios, da técnica da ponderação princípio lógica.

2.3. Posição dos nossos tribunais

Em regra, não há o reconhecimento de duas entidades familiares simultâneas, tendo em vista que nosso sistema jurídico é regido pelo princípio da monogamia. O Poder Judiciário, quando da análise de caso de poliamor, poderá optar entre dois caminhos opostos: declarar sua existência e tornar efetivos todos os efeitos decorrentes do contrato, ou declarar a inexistência da entidade familiar composta por três ou mais pessoas.

Declarar a sua inexistência, não a reconhecendo, reputará grande retrocesso para o direito das famílias. A busca da felicidade não pode ser cerceada por dogmas patriarcais e religiosos. Frente à autonomia da vontade das partes, o Estado deve intervir o mínimo possível. Deve, sim, aceitar tal modalidade de união, sob pena de segregar direitos fundamentais às partes envolvidas. (ALEXANDRE, 2014)

Em Porto Velho, o Juiz da 4ª Vara de Família e Sucessões da Comarca de Porto Velho explanou sobre a possibilidade de existência do poliamor como forma de envolvimento afetivo:

> Durante a instrução do processo, fiquei absolutamente convencido que o falecido manteve um relacionamento dúplice com a esposa com quem era legalmente casado e a autora. Mais ainda, fiquei também convencido

> que este relacionamento dúplice não só era de conhecimento das duas mulheres como também era consentido por ambas as mulheres, que se conheciam, se toleravam e permitiam que o extinto mantivesse duas famílias de forma simultânea, dividindo a sua atenção entre as duas entidades familiares (...)
>
> Portanto, de tudo que foi exposto, é possível o reconhecimento da união dúplice, quando a autora, o extinto e sua falecida esposa mantiveram uma relação de poliamor, consentida e tolerada, advindo daí efeitos legais como a divisão dos bens adquiridos neste período" (Juiz de Direito Adolfo Theodoro Naujorks Neto, 4ª Vara de Família e Sucessões Comarca de Porto Velho – RO, Autos n.º 001.2008.005553-1, DJ 13/11/2008).

Mesmo que não seja a corrente majoritária no país, inclusive perante os Tribunais Superiores, verificam-se alguns esforços para garantir os efeitos jurídicos decorrentes do poliamor. Como exemplo, a apelação cível julgada pelo Tribunal de Justiça do Rio Grande do Sul já registrou por duas vezes uniões poliafetivas. Nesse sentindo, podemos observar: (MARQUES, 2019)

> APELAÇÃO CÍVEL. 1)UNIÃO ESTÁVEL PARALELA A OUTRA UNIÃO ESTÁVEL. RECONHECIMENTO. O anterior reconhecimento judicial de união estável entre o falecido e outra companheira, não impede o reconhecimento da união estável entre ele e autora, paralela àquela, porque o Direito de Família moderno não pode negar a existência de uma relação de afeto que também se revestiu do mesmo caráter de entidade familiar. Preenchidos os requisitos elencados no art. 1.723 do CC, procede a ação, deferindo-se à autora o direito de perceber 50% dos valores recebidos a título de pensão por morte pela outra companheira.2) RESSARCIMENTO DE DANOS MATERIAIS E EXTRAPATRIMONIAIS. Descabe a cumulação de ação declaratória com ação indenizatória, mormente considerando-se que o alegado conluio, lesão e má-fé dos réus na outra ação de união estável já julgada deve ser deduzido em sede própria. Apelação parcialmente provida. (SEGREDO DE JUSTIÇA) (Apelação Cível Nº 70012696068, Oitava Câmara Cível, Tribunal de Justiça do RS, Relator: José Ataídes Siqueira Trindade, Julgado em 06/10/2005)

O referido Conselho, ao reconhecer uma união dúplice, também determinou a divisão dos bens existentes entre o *de cujus* e duas conviventes. Nesse modo:

> APELAÇÃO CÍVEL. RECONHECIMENTO DE UNIÃO ESTÁVEL PARALELA AO CASAMENTO E OUTRA UNIÃO ESTÁVEL. UNIÃO DÚPLICE. POSSIBILIDADE. PARTILHA DE BENS. MEAÇÃO. "TRIAÇÃO". ALIMENTOS. A prova dos autos é robusta e firme a demonstrar a existência de união estável entre a autora e o réu em período concomitante ao seu casamento e, posteriormente, concomitante a uma segunda união estável que se iniciou após o término do casamento. Caso em que se reconhece a união dúplice. Precedentes jurisprudenciais. Os bens adquiridos na constância da união dúplice são partilhados entre a esposa, a companheira e o réu. Meação que se transmuda em "triação", pela duplicidade de uniões. O mesmo se verificando em relação aos bens adquiridos na constância da segunda união estável. Eventual período em que o réu tiver se relacionado somente com a apelante, o patrimônio adquirido nesse período será partilhado à metade. Assentado o vínculo familiar e comprovado nos autos que durante a união o varão sustentava a apelante, resta demonstrado os pressupostos da obrigação alimentar, quais sejam, as necessidades de quem postula o pensionamento e as possibilidades de quem o supre. Caso em que se determina o pagamento de alimentos em favor da ex- companheira. APELAÇÃO PARCIALMENTE PROVIDA. (SEGREDO DE JUSTIÇA) (Apelação Cível Nº 70022775605, Oitava Câmara Cível, Tribunal de Justiça do RS, Relator: Rui Portanova, Julgado em 07/08/2008)

Em posição contrária, a doutrina e jurisprudência majoritária fundam seus argumentos no princípio da monogamia e sob o argumento de que não existe qualquer possibilidade da constituição de dois casamentos. Caso isso aconteça, restará configurado o delito de bigamia previsto no artigo 235 do Código Penal (BRASIL, 1940), acarretando a nulidade do segundo casamento, consoante preveem os artigos 1.548, inciso II, e artigo 1.521, inciso VI, ambos do Código Civil (BRASIL, 2002), além de não possibilitar o recebimento de qualquer tipo de proteção do Direito de Família. O mesmo tratamento será aplicado à União Estável, tendo em vista que esta se equipara ao casamento, e também não poderia ser reconhecida, caso fosse concomitante com outra união, restando a esse segundo relacionamento a denominação de concubinato. (CUNHA, 2016)

No que tange ao posicionamento das instâncias extraordinárias, ainda não se tem conhecimento sobre a apreciação favorável e definitiva de um caso concreto envolvendo uma relação de Poliamor. Entretanto, há jurisprudência do STF a respeito do tratamento distinto dado às expressões companheira e concubina. Vejamos parte do julgamento realizado pelo Ministro Marco Aurélio:

> COMPANHEIRA E CONCUBINA – DISTINÇÃO. Sendo o Direito uma verdadeira ciência, impossível é confundir institutos, expressões e vocábulos, sob pena de prevalecer a babel. UNIÃO ESTÁVEL – PROTEÇÃO DO ESTADO. A proteção do Estado à união estável alcança apenas as situações legítimas e nestas não está incluído o concubinato. PENSÃO – SERVIDOR PÚBLICO – MULHER – CONCUBINA – DIREITO. A titularidade da pensão decorrente do falecimento de servidor público pressupõe vínculo agasalhado pelo ordenamento jurídico, mostrando-se impróprio o implemento de divisão a beneficiar, em detrimento da família, a concubina. (STF – RE 397762/BA, Relator (a): Min. MARCO AURÉLIO, Primeira Turma, julgado em 03/06/2008).

Importante ressaltar o posicionamento do Superior Tribunal de Justiça, no mesmo sentido da inexistência de efeito jurídico na relação que concorre com o casamento:

> Ser casado constitui fato impeditivo para o reconhecimento de uma união estável. Tal óbice só pode ser afastado caso haja separação de fato ou de direito. Ainda que seja provada a existência de relação não eventual, com vínculo afetivo e duradouro, e com o intuito de constituir laços familiares, essa situação não é protegida pelo ordenamento jurídico se concomitante a ela existir um casamento não desfeito (...) Diante disso, decidiu-se que havendo uma relação concubinária, não eventual, simultânea ao casamento, presume-se que o matrimônio não foi dissolvido e prevalecem os interesses da mulher casada, não reconhecendo a união estável. (STJ, REsp 1.096.539/RS, 4 Turma, Rel. Min. Luis Felipe Salomão, j. 27/3/2012).
>
> (...) Inicialmente, necessário consignar que é incontroverso que E. P. P. e A. L. V. mantiveram relacionamento concubinário por 31 anos, a partir de 1971, até a morte do de cujus, em 2002, e que dele resultou o nascimento de dois filhos (...). Contudo, a jurisprudência atual desta Corte firmou que a relação concubinária simultânea com casamento em que permanece

efetivamente a vida comum entre marido e mulher, não gera direito à indenização, por incompatibilidade do reconhecimento de uma união estável de um dos cônjuges em relação a terceira pessoa (...) (STJ. REsp 874.443/RS, 4ª Turma, Rel. Min. Aldir Passarinho Junior, j. 24/08/2010).

2.4. Multiparentalidade decorrente do poliamor

Atualmente a família tem seus alicerces fixados e inevitavelmente estruturados na relação de afetividade, solidariedade, não havendo a exclusão do vínculo biológico, mas sim amparando o socioafetivo: a multiparentalidade. Esta consitui-se em um instituto que nasceu através dos novos arranjos familiares na sociedade moderna, em que atuam em conjunto os pais biológicos e qualquer outra pessoa com características parental, ainda que seja exclusivamente afetiva, onde não se verifica qualquer laço sanguíneo.

Um dos princípios norteadores da multiparentalidade é o Princípio da Afetividade. Em sentido jurídico, o afeto, ou afetividade, é o vínculo que fundamenta as relações interpessoais, implicando na formação de famílias quando presentes outros requisitos como a ostensibilidade e o caráter duradouro da relação. Situação semelhante à da união estável ou da união de facto, também da socioafetividade, da qual decorre, com o exercício da posse de estado de filho, relações de parentesco de origem não-biológica.

O vínculo afetivo fez nascerem algumas alterações no direito de família, a exemplo do surgimento da união estável, união estável homoafetiva, bem como do poliamor, edificando essas uniões sem as formalidades dos procedimentos do casamento. O parentesco socioafetivo, alavancado com a ascensão do princípio da afetividade, faz valer o melhor interesse da criança, sendo tuteladas as práticas que o vínculo socioafetivo traz, culminando com a relevância jurídica que desses comportamentos resulta.

Na concepção de Paulo Lôbo, a afetividade "*é o princípio que fundamenta o direito de família na estabilidade das relações socioafetivas e na comunhão de vida, com primazia sobre as considerações de caráter patrimonial ou biológico.*" (2012, p.70)

Nota-se que a família deixou de ser uma unidade de vínculo unicamente biológico, econômico, social e religioso, passando a basear- se na afetividade.

A Multiparentalidade reconhece a existência do direito à convivência familiar que a criança e o adolescente exercem, conjuntamente, da paternidade biológica com a socioafetiva, possibilitando que uma pessoa possua mais de um pai e/ou mais de uma mãe, simultaneamente, e, consequentemente, produzindo efeitos jurídicos em relação a todos eles. (BORBA, 2018)

Dentro desse contexto, lança-se uma pergunta: É possível a multiparentalidade decorrer de uma relação poliafetiva?

Se o relacionamento poliafetivo decorre da união de três ou mais pessoas, tendo o afeto como pilar principal, e se equipara a uma união estável, a resposta é: Por que não?

O Direito, ao tratar da multiparentalidade, vincula-a a hipóteses de famílias recompostas, que são uma nova forma de entidade familiar e visam garantir a promoção e dignidade de seus membros. Elas comprovam que a consanguinidade não é hoje fator preponderante para a definição de uma família. Isso porque, em tais famílias, não haverá, necessariamente, filhos comuns, podendo ser formadas apenas pelo casal e os filhos de cada um, advindos de um relacionamento anterior.

Waldyr Grisard Filho as define como *"a família na qual ao menos uma das crianças de uma união anterior dos cônjuges vive sob o mesmo teto"*. (2004)

Tradicionalmente, os nomes dados aos membros da família recomposta são os de madrasta, padrasto, enteado, entre outros.

Sobre o preconceito que envolve tais termos, Maria Berenice Dias assim se pronuncia: (1999, p.34)

> Não bastam os vocábulos disponíveis para diferenciar o par formado por quem é egresso de relacionamentos anteriores. A prole de cada um também não dispõe de uma palavra que permita identificar quem seja, por exemplo, o companheiro da mãe; o filho da mulher do pai diante de seu próprio filho, e ainda o novo filho desta relação frente aos filhos de cada um dos pais. Claro que termos madrasta, padrasto, enteado, assim como as expressões filho da companheira do pai ou filha do convivente da mãe, meio-irmão e outras não servem, pois trazem uma forte carga de negatividade, ainda resquício da intolerância social, por lembrarem vínculos pecaminosos.

Agora, estaria a multiparentalidade restrita às hipóteses de famílias recompostas?

Nossa doutrina e jurisprudência ainda é silente quanto a essa questão. Todavia, se já existe uma corrente que admite a multiparentalidade decorre de reprodução assistida e até barriga de aluguel, deve-se entender que inexiste impedimento quanto à multiparentalidade decorrente do poliamor.

2.5. Sucessão nas relações oriundas do poliamor

Por ser análoga à união estável, a união poliafetiva merece total proteção do Estado, tanto na constância quanto no momento de sua dissolução ou sucessão.

Ao tratarmos de direitos poliafetivos, consideramos sempre a existência de mais de 2 pessoas envolvida; logo, não se trata de meação e sim de triação. Esta é a meação que se transmuda para atender à necessidade específica desse tipo de relacionamento, constante da terça parte dos bens adquiridos na constância da conjugalidade, respeitando-se, desta forma, o princípio da igualdade. (VIGO, 2017)

Newton Teixeira Carvalho, ao tratar do assunto, manifesta-se nesse sentido: (2018)

> Assim, do envolvimento entre três pessoas, independentemente do sexo, os bens adquiridos por qualquer um deles, salvo estipulação contrária em pacto ou em contrato, serão divididos por três, daí surgindo o silogismo "triação", em respeito ao princípio da igualdade. Portanto e neste caso, em que temos um único núcleo familiar, divide pelo número de pessoas o patrimônio. Portanto, na dissolução da união estável poliafetiva, constituída, portanto, por três ou mais pessoas, o retirante leva a sua cota parte, dividida entre as pessoas que constituem este núcleo familiar, evidentemente a partir da constituição do poliamorismo, eis que o advento de outras pessoas pode ocorrer quando já constituída a família poliafetiva.

Para Marilia Andrade dos Santos: (2006)

> Reconhecida a união dúplice ou paralela, por óbvio, não se pode mais conceber a divisão clássica de patrimônio pela metade entre duas. **Na união dúplice do homem, por exemplo, não foram dois que construíram o patrimônio. Foram três: o homem, a esposa e a companheira.**
>
> Logo, **a clássica divisão pelo critério da meação é incompatível com a formação de patrimônio por três pessoas, e não mais por duas.**
>
> Aqui é preciso um outro pensar, diria um outro paradigma de divisão. Aqui se pode falar em uma outra forma de partilhar, que vai denominada, com a vênia do silogismo, de "triação", que é a divisão em três e que também deve atender ao princípio da igualdade.
>
> A divisão do patrimônio pressupõe que os beneficiados sejam contemplados igualmente com sua parcela, da forma mais justa e equânime

possível. Por isso, **quando temos um único casal divide-se o patrimônio por dois. Mas quando o direito passa a regular a partilha da união dúplice nada mais responde ao critério igualizador do que a divisão por três.**

Com relação às famílias poliafetivas, deve-se aplicar o regime de comunhão parcial, quando não existir contrato escrito entre os companheiros (CC, art. 1.725).

Conclusões

De tudo que foi exposto, fica a indagação: O que falta à união poliafetiva para que seja reconhecida como um novo modelo de família ? Ela ostenta todos os requisitos para que isso ocorra, tais como partes capazes, relação pública, contínua e duradoura, com o objetivo de constituir família e sem que haja qualquer impedimento legal, previsto no art. 1.521, do Código Civil.

A poliafetividade é uma realidade social inquestionável e, consequentemente, temos que lidar com ela. De fato, é a relação afetiva entre mais de duas pessoas. Não se trata de bigamia, posto que não são amantes e, inclusive, a relação entre os poliafetivos deve ser exclusiva, como se todos fossem casados entre si. Não se trata de relação eventual e,.tampouco, meramente sexual.

Assim como ocorreu com as uniões homoafetivas, o poliamor ainda será objeto de longos debates. Princípios constitucionais da igualdade, da dignidade da pessoa humana e da liberdade foram manifestamente desrespeitados com a proibição da lavratura de escrituras de união poliafetivas. Mas fato é que toda diferença deve ser respeitada e o que importa sempre é a livre vontade dos indivíduos.

A união poliafetiva não prejudica ninguém, considerando que é um livre acordo entre três ou mais pessoais e o seu pilar fundamental é, exatamente, o afeto entre elas. Inexiste confrontação ao nosso ordenamento jurídico. Inexistem normas que a regulem e tampouco que impeçam a criação de novos modelos de família. O Direito possui papel determinante na organização das sociedades e deve acompanhar os avanços sociais e culturais que estão atrelados ao próprio desenvolvimento humano.

É importante ressaltar que a relação poliafetiva se edifica na total transparência, honestidade, conforto, comunicação e igualdade entre seus membros.

É dessa maneira que o poliamor se difere das relações paralelas ou da poligamia.

Opiniões contrárias ao poliamor devem ser respeitadas, mas absolutamente desconsideradas uma vez que se revestem, apenas, de puro preconceito, assim como ocorreu com a união estável e a união homoafetiva.

REFERÊNCIAS

ALEXANDRE. Fernando Cruz. **União Poliafetiva: uma análise de sua juridicidade em face da recente mutação constitucional no conceito jurídico de entidade familiar.** Disponível em: https://fern.jusbrasil.com.br/artigos/148760065/uniao-poliafetiva-uma-analise-de-sua- juridicidade-em-face-da-recente-mutacao-constitucional-no-conceito-juridico-de-entidade- familiar Acesso em: 23/07/2019

BORBA. Fernanda Elisa. **Os reflexos do reconhecimento da multiparentalidade no Direito de Família no Brasil.** Disponível em: https://www.direitonet.com.br/artigos/exibir/10652/Os-reflexos-do-reconhecimento-da- multiparentalidade-no-Direito-de-Familia-no-Brasil Acesso em: 26/07/2019

BRASIL. ADFAS. **ADFAS é vitoriosa: Pedido de vedação da lavratura de escrituras de poliamor como uniões estáveis é julgado procedente pelo CNJ**. Disponível em http://adfas.org.br/2018/06/26/adfas-e-vitoriosa-pedido-de-vedacao-da-lavratura-de-escrituras-de-poliamor-como-unioes-estaveis-e-julgado-procedente-pelo-cnj/ Acesso em: 19/07/2019

IBDFAM. **Família poliafetiva e especialistas reagem à decisão do CNJ.** Disponível em: http://www.ibdfam.org.br/noticias/6674/Fam%C3%ADlia+poliafetiva+e+especialistas+rea gem+%C3%A0+decis%C3%A3o+do+CNJ Acesso em: 22/07/2019

CARIJÉ. Sílvio Dayube. **A possibilidade de reconhecimento jurídico das entidades familiares poliafetivas no direito brasileiro**. Disponível em: https://jus.com.br/artigos/72773/a-poliafetividade-no-direito-de-familia Acesso em: 18/07/2019

CARVALHO. Newton Teixeira. **Sucessão nas famílias simultâneas (paralelas) e nas uniões poliafetivas.** Disponível em: https://domtotal.com/artigo/7462/2018/05/sucessao-nas-familias-simultaneas-paralelas-e- nas-unioes-poliafetivas/ Acesso em: 25/07/2019

CAVALCANTI. Camillade Araujo. **A Constituição e a Dignidade Humana na Tutela das Famílias Pós-modernas.** Disponível em: https://estudogeral.sib.uc.pt/bitstream/10316/28448/1/A%20constituicao%20e%20a%20di gnidade%20da%20pessoa%20humanana%20tutela%20das%20familias%20pos- modernas.pdf Acesso em: 26/07/2019

CUNHA. Danielle. **Triação de Bens: Uma Análise do Poliamorismo sob a Ótica Patrimonial.** Disponível em: https://juridicocerto.com/p/danielle-cunha/artigos/triacao-de-bens-uma-analise-do-poliamorismo-sob-a-otica-patrimonial-2525 Acesso em: 23/07/2019

DIAS. Maria Berenice. **Poliafetividade, alguém duvida que existe?** Disponível em: http://www.mariaberenice.com.br/manager/arq/(cod2_552)poliafetividade.pdf Acesso em 22/07/2019

— **Sociedade de afeto: um nome para a família.** Revista Brasileira de Direito de Família. Porto Alegre: Síntese, v. I, n. 1, p. 34, abr./jun., 1999.

FRANÇA, Júlia Abagge de Macedo. **Poligamia ou Poliamor?A dignidade da pessoa humana pautada no afeto.** Disponível em: https://juliaabagge.jusbrasil.com.br/artigos/289614350/poligamia-ou-poliamor Acesso em: 11/07/2019

FRASSON, Mariana Cristina Galhardo. **"Poliamor", a união poliafetiva e sua busca por reconhecimento jurídico no Brasil.** Disponível em: http://www.justificando.com/2018/06/07/poliamor-a-uniao-poliafetiva-e-sua-busca-por- reconhecimento-juridico-no-brasil/ Acesso em: 08/07/2019

GAGLIANO, Pablo Stolze. **Direitos da(o) amante – na teoria e na prática (dos Tribunais). Revista Jus Navigandi**, Teresina, ano 13, n. 1841, 16 jul. 2008. Disponível em https://jus.com.br/artigos/11500. Acesso em: 10/07/2019.

GRISARD FILHO, Waldyr. **Famílias reconstituídas. Novas relações depois das separações. Parentesco e autoridade parental**. In: PEREIRA, Rodrigo da Cunha (Coord.). Afeto, ética, família e o novo Código Civil. Belo Horizonte: Del Rey, 2004.

HIRONAKA. Giselda Maria Fernandes Novaes. **Famílias Paralelas**. Disponível em: http://www.revistas.usp.br/rfdusp/article/view/67983/pdf_8 Acesso em: 22/07/2019

LIMA, Ana Carolina Santos. **Evolução histórica da família e suas espécies no ordenamento jurídico brasileiro.** Disponível em: https://jus.com.br/artigos/64386/evolucao-historica-da-familia-e-suas-especies-no- ordenamento-juridico-brasileiro Acesso em: 08/07/2019

LÔBO, Paulo. **Direito Civil: famílias**. 4 ed. São Paulo: Saraiva, 2012 LOVING MORE. **What is polyamory**? Disponível em: http://www.lovemore.com/ home/what-is-polyamory/. Acesso em: 11/07/2019.

MADALENO, Rolf Hanssen. **Escritura de união poliafetiva: impossibilidade**. Jornal Carta Forense, São Paulo, Edição n. 114, p. B26. Novembro de 2012.

MALMONGE, Luana. **Poliamor: a quebra do paradigma da "família tradicional brasileira".** Disponível em: https://jus.com.br/artigos/57970/poliamor-a-quebra-do-paradigma-da-familia-tradicional- brasileira/1 Acesso em: 10/07/2019

MAZZO, Anna Carolina Aguero MAZZO; Cleber Affonso ANGELUCI. **Há ainda espaço para a monogamia no Direito de Família Contemporâneo?**In: ETIC – Encontro Toledo de Iniciação Científica, ISSN 21-76-8498, Vol. 10, Nº 10, Presidente Prudente, 2014.

MELO, Giovana Pelágio. **Uniões Concomitantes. Universidade Católica Pontifícia (PUC/RS), Rio Grande do Sul.** Disponível em: http://www3.pucrs.br/pucrs/files/uni/poa/direito/graduacao/tcc/tcc2/trabalhos2010_2/giova na_melo.pdf Acesso em: 10/07/2019

PAMPLONA FILHO, Rodolfo. **Análise crítica da decisão do Conselho Nacional de Justiça que proíbe a lavratura da escritura pública de união poliafetiva.** Disponível em: ojs.unimar.br/index.php/revistaargumentum/article/download/963/703 Acesso em: 19/07/2019

PEREIRA. Rodrigo da Cunha. **CNJ decide pela proibição do registro de escrituras públicas de uniões poliafetivas.** Disponível em: http://www.rodrigodacunha.adv.br/cnj-decide-pela-proibicao-registro-de-escrituras- publicas-de-unioes-poliafetivas/ Acesso em: 22/07/2019

PINHO, Camila. **Do conceito de família e sua evolução no âmbito do direito.** Disponível em: https://camilap93.jusbrasil.com.br/artigos/311632672/do-conceito-de-familia-e-sua- evolucao-no-ambito-do-direito Acesso em: 08/07/2019

SANTOS, Marília Andrade dos. **Meação em razão da extinção de união estável adulterina: estudo de caso.** Disponível em: http://jus.com.br/artigos/9243/meacao-em-razao-da-extincao-de-união-estável-adulterina. Acesso em: 25/07/2019

SILVA, Bruna Mara Britez da. **Multiparentalidade.** Disponível em: https://drabritez.jusbrasil.com.br/artigos/423836650/multiparentalidade Acesso em: 26/07/2019

SILVA, Regina Beatriz Tavares da. **União poliafetiva é um estelionato jurídico.** Disponível em: https://arpen-sp.jusbrasil.com.br/noticias/100111771/artigo-uniao-poliafetiva-e-um- estelionato-juridico-por-regina-beatriz-tavares-da-silva Acesso em: 17/07/2019

— **Em defesa da Família.** Disponível em: http://reginabeatriz.com.br/em-defesa-da-familia/ Acesso em: 17/07/219

VALENTE, Ana Lúcia Eduardo Farah. **O poliamorismo e a possibilidade de união poliafetiva.** Disponível em: https://arpen-sp.jusbrasil.com.br/noticias/100163131/artigo-o-poliamorismo-e-a- possibilidade-de-uniao-poliafetiva-por-ana-lucia-eduardo-farah-valente Acesso em: 10/07/2019

VIEGAS, Cláudia Mara de Almeida Rabelo; CEOLIN, Isabella Arrais de Almeida Schmitberger. **União Poliafetiva: uma entidade familiar constitucionalmente tutelada.** Disponível em: https://claudiamaraviegas.jusbrasil.com.br/artigos/613129174/uniao-poliafetiva-uma- entidade-familiar-constitucionalmente-tutelada Acesso em: 08/07/2019

VIGO. Filipe. **Famílias poliafetivas e a sucessão legítima.** Disponível em: https://filipevigoadv.jusbrasil.com.br/artigos/471146719/familias-poliafetivas-e-a- sucessao-legitima Acesso em: 25/07/2019

4.
VIOLÊNCIA DOMÉSTICA CONTRA CRIANÇAS E ADOLESCENTES E A LEI DA PALMADA

Introdução

Há séculos crianças e adolescentes sofrem com abusos daqueles que recorrem à força, na maioria das vezes, para impor um castigo; principalmente genitores ou responsáveis legais.

Desde épocas remotas, os cristãos já aceitavam o uso de castigos físicos como meio educacional e, sob essa ótica, repreensões não eram necessariamente interpretadas como absurdo. Em décadas passadas era compreensível, inclusive, a punição dentro de sala de aula, como crianças ajoelhadas no milho, usando chapéu de burro, e com o uso da palmatória, por exemplo. Na educação atual, aparentemente, família e escola são contra os castigos físicos em crianças e adolescentes e, no lugar deles, pretende-se o diálogo.

Ao contrário do que se pensa, a violência atinge todas as classes sociais, desde as mais baixas até as mais elevadas. Ela pode ser de natureza física, sexual ou psicológica. Há quem considere, ainda, a negligência e os maus-tratos como formas de violência. Suas consequências, especialmente em crianças e adolescentes, são gravíssimas. Podem afetar seriamente não só a aprendizagem como também o seu desenvolvimento físico, mental e emocional.

Na tentativa de coibi-la, criou-se a lei nº 13.010/14 (Lei da Palmada ou do Menino Bernardo). Essa lei visa garantir o direito a uma criança ou jovem de ser educado sem o uso de castigos corporais. Demonstra, de fato, uma preocupação do Estado com o respeito à dignidade e, principalmente, integridade da criança e do adolescente.

Todavia, desde a sua promulgação, essa Lei vem sofrendo severas críticas. Especialistas acreditam que se trata de uma lei subjetiva e que nada acrescenta à legislação vigente.

Pretende-se demonstrar, com o presente trabalho, o quanto essa situação afeta as relações intrafamiliares e o próprio direito de família, uma vez que confronta princípios fundamentais da Lei Maior, necessitando, urgentemente, de medidas mais eficazes para combate e prevenção dessa situação.

1. Do papel da família na educação das crianças e adolescentes e o poder familiar

A família é tida como a base da sociedade e, conforme a Declaração de Direitos do Homem, é o núcleo natural e fundamental, tendo direito à proteção da sociedade e do Estado. É um dos conceitos jurídicos que mais sofreu alterações nos últimos anos, resultado da constante evolução de nossa sociedade.

O Código Civil de 1916 entendia que a família estava ligada a dois pontos fundamentais: o casamento formal e a consanguinidade. No entanto, ao longo dos anos, a realidade social trouxe uma nova concepção de família, sendo esta desvinculada de seus modelos originários baseados no casamento, sexo e procriação. A nova concepção tem se pautado em valores, como a afetividade, o amor e o carinho.

Rolf Madaleno faz importante comentário acerca das mudanças ocorridas no conceito tradicional de família: (2015, p.36)

> A família matrimonializada, patriarcal, hierarquizada, heteroparental, biológica, institucional vista como unidade de produção cedeu lugar para uma família pluralizada, democrática, igualitária, hétero ou homoparental, biológica ou socioafetiva, construída com base na afetividade e de caráter instrumental.

A família começa a exercer influência sobre a vida dos filhos desde muito cedo. Cris Poli entende que ela está presente em vários aspectos do desenvolvimento dos filhos, como: (2018)

> **1. O convívio social**
>
> Os pais são os primeiros seres humanos com que os filhos têm contato. Ou seja, é com eles que a criança começará a aprender como conviver em sociedade, em outros ambientes, como a escola, o trabalho (no futuro) e até mesmo no dia a dia.

> **2. Desenvolvimento cognitivo**
>
> O desenvolvimento cognitivo da criança começa a ser formado desde o momento da gestação. Por conta disso, a relação entre a mãe e o bebê, bem como da mãe com outros familiares, pode exercer uma influência relevante, tanto positiva, quanto negativamente.
>
> Além disso, é dentro do ambiente familiar que a criança irá exercitar suas habilidades mentais, como a linguagem, lógica, memória, criatividade, atenção, abstração, pensamento, raciocínio e a capacidade de resolução de diversos problemas.
>
> É por meio desse convívio com os pais, avós, irmãos e outros familiares que a criança desenvolverá todas as aptidões necessárias para a vida adulta.
>
> **3. Aprendizagem escolar**
>
> A importância da família também está ligada ao desenvolvimento escolar dos filhos. Ao contrário do que muita gente pensa, é dentro de casa que as crianças começam a desenvolver a educação infantil.
>
> Para conseguir desenvolver ainda mais rapidamente seus conhecimentos, é essencial que o trabalho seja contínuo. Ou seja, que aconteça tanto dentro de casa, como na escola.
>
> **4. Relacionamentos**
>
> Sim, todos os relacionamentos da criança dentro do ambiente familiar irão interferir em seu futuro. Vários estudos mostram que, quando a família não apresenta uma estrutura adequada e equilibrada, a criança tem dificuldades de manter relacionamentos afetivos durante a vida adulta.
>
> Por isso, é importante que os pais, bem como outros integrantes da família, saibam a importância que eles representam na construção de um ambiente adequado e que seja propício a garantir um bom desenvolvimento dos *filhos*.

Já o poder familiar, nos dizeres de Carlos Roberto Gonçalves, "é o conjunto de direitos e deveres atribuídos aos pais, no tocante à pessoa e aos bens dos filhos menores". (2005, p.357)

Toda criança necessita de alguém que, durante a sua infância, seja responsável por sua criação e educação. Alguém que a ampare e a defenda, guarde e cuide de seus interesses, sendo os genitores as pessoas naturalmente indicadas para essa missão. O antigo Código Civil de 1916 utilizava a expressão "pátrio poder", já que o poder era exercido exclusivamente pelo pai. Hoje, temos que o poder familiar é dever conjunto dos pais. O poder parental faz parte do estado das pessoas e por isso não pode ser alienado nem renunciado, delegado ou substabelecido.

É irrenunciável, incompatível com a transação, e indelegável, não podendo os pais renunciá-lo, nem o transferir a outrem, já que o poder familiar é múnus público, pois é o Estado que fixa as normas para o seu exercício. É, ainda, imprescritível, no sentido de que dele o genitor não decai pelo fato de não o exercitar, somente podendo perdê-lo na forma e nos casos expressos em lei.

Quanto aos filhos, o artigo 1634 do Código Civil Brasileiro enumera os direitos e deveres que incumbem aos pais:

> I – dirigir-lhes a criação e educação;
> II – tê-los em sua companhia e guarda;
> III – conceder-lhes ou negar-lhes consentimento para casarem;
> IV – nomear-lhes tutor por testamento ou documento autêntico, se o outro dos pais não lhe sobreviver, ou o sobrevivo não puder exercer o poder familiar;
> V – representá-los, até aos dezesseis anos, nos atos da vida civil, e assisti-los, após essa idade, nos atos em que forem partes, suprindo-lhes o consentimento;
> VI – reclamá-los de quem ilegalmente os detenha;
> VII – exigir que lhes prestem obediência, respeito e os serviços próprios de sua idade e condição.

Já o artigo 1638 do mesmo dispositivo legal enumera as causas de perda ou destituição do poder familiar:

> I – castigar imoderadamente o filho;
> II – deixar o filho em abandono;
> III – praticar atos contrários à moral e aos bons costumes;
> IV – incidir, reiteradamente, nas faltas previstas no artigo antecedente.

Merece destaque e será objeto de maior discussão o que dispõe o inciso I.

Em relação à expressão **"castigos imoderados"**, pode-se dizer que há muitas críticas dos operadores do Direito, por acreditarem que a disposição legal, da forma em que está escrita, acaba por "permitir" o castigo moderado, quando, na verdade, o ideal seria que os pais nunca utilizassem qualquer forma de violência para educar os filhos.

Todavia, não resta dúvida de que todo castigo físico configura violência à integridade física da criança ou do adolescente e até ofensa à sua dignidade, o que não deve ser permitido. Trata-se de verdadeiro abuso de autoridade.

Os pais, buscando educar os seus filhos, acreditam ter direito de usar a violência física para obter o que pretendem, não prevalecendo em hipótese alguma os direitos do menor. O dever de corrigir é necessário para a formação do filho, mas que fique bem claro: corrigir não pressupõe o uso de violência. Não importa se o castigo é moderado ou não. O que está em discussão é o uso de violência, e essa não deve existir.

2. Violência doméstica contra crianças e adolescentes

A palavra violência vem do termo latino *vis*, que significa força. Assim, a violência é o abuso da força, e usar dela é agir sobre alguém ou fazê-lo agir contra sua vontade, empregando a força ou a intimidação. É forçar, obrigar. É também brutalidade: força brutal para submeter alguém. É sevícia e maus-tratos, quando se trata de violência psíquica e moral. É cólera, fúria, irascibilidade, quando se trata de uma disposição natural à expressão brutal dos sentimentos. É furor, quando significa o caráter daquilo que produz efeitos brutais. Tem como seus contrários a calma, a doçura, a medida, a temperança e a paz. (VERONESI; DA COSTA. p.101-102).

A ideia da violência como meio de obter a disciplina e educação dos filhos vem desde o início da história do Brasil e está presente em todos os tipos de família do nosso país. Por essa razão é encarada com naturalidade por muitas pessoas.

A violência sempre esteve presente na humanidade. Já havia muita violência contra crianças, bem antes de 1549 . No Brasil, foram os jesuítas os responsáveis pela introdução do castigo físico às crianças no ambiente escolar, tornando-se a palmatória um símbolo de disciplina e educação. De fato, quando o assunto é educar de forma violenta, não falta criatividade na cultura brasileira.

Jessica dos Santos enumera algumas formas de disciplina aplicadas pelos adeptos da educação de forma violenta: (2015)

> – Castigo físico ou corporal: Trata-se do uso deliberado de força causando dor, mas sem feridas, com o intuito de corrigir uma conduta.
>
> – Maus-tratos: Ocorre quando um sujeito em condições superiores à vítima comete uma ação ou omissão capaz de causar dano físico,

psicológico ou sexual, nos maus-tratos engloba-se a violência de uma maneira geral e ampla, assim como negligência e abandono.

– Tortura: Com o crime de tortura existiu grande discussão quanto o que seria tortura, pois o ECA em seu artigo 233 não definia. Porém foi criada a Lei 9455/97, que define tortura em seu primeiro artigo:

Art. 1º. – Constitui crime de tortura:

I – constranger alguém com emprego de violência ou grave ameaça, causando-lhe sofrimento físico ou mental:

a) com o fim de obter informação, declaração ou confissão da vítima ou de terceira pessoa;

b) para provocar ação ou omissão de natureza criminosa;

c) em razão de discriminação racial ou religiosa;

II – submeter alguém, sob sua guarda, poder ou autoridade, com emprego de violência ou grave ameaça, a intenso sofrimento físico ou mental, como forma de aplicar castigo pessoal ou medida de caráter preventivo.

1. Palmada: Trata-se do uso das mãos abertas, a palma da mão, usada normalmente sobre a nádega da criança, com o intuito de correção.

2. Surras com vara: É o uso de força física aplicada com o instrumento vara, que pode ser madeira, pedaços de árvore, e que normalmente deixam hematomas e marcas.

3. Chicote: É um instrumento bem antigo, que normalmente é feito do material couro era utilizado como castigo para escravos, e que também pode ser aplicado para disciplinar "quem esteja merecendo".

4. Cinto: A utilidade primária do cinto é ser usado para segurar calças, bermudas, saias, ou apenas para efeitos de moda. Porém sua utilidade secundária na sociedade brasileira é a utilização para disciplinar e corrigir as crianças, normalmente deixam marcas, pode ser feito de couro e outros materiais.

– Chinelo: Sua utilidade principal é usar nos pés, é feito de borracha macia e assim como o cinto é utilizado para aplicação de correção e disciplina, normalmente deixa marcas, hematomas.

A violência doméstica pode ser definida como sendo:(AZEVEDO E GUERRA, 2001)

todo ato ou omissão, praticado por pais, parentes ou responsáveis contra crianças e/ou adolescentes que, sendo capaz de causar dano físico, sexual e/ou psicológico à vítima, implica numa transgressão do poder/dever de proteção do adulto e, por outro lado, numa coisificação da infância, isto é, numa negação do direito que crianças e adolescentes têm de ser tratados como sujeitos e pessoas em condição peculiar de desenvolvimento.

Segundo Stela Cavalcanti (2005):

> Violência, em seu significado mais frequente, quer dizer uso da força física, psicológica ou intelectual para obrigar outra pessoa a fazer algo que não está com vontade; é constranger, é tolher a liberdade, é incomodar, é impedir a outra pessoa de manifestar sua vontade, sob pena de viver gravemente ameaçada ou até mesmo ser espancada, lesionada ou morta. É um meio de coagir, de submeter outrem ao seu domínio, é uma forma de violação dos direitos essenciais do ser humano.
>
> A violência doméstica é a violência, explícita ou velada, ocorrida no seio familiar, partindo do abuso físico e/ ou psicológico dos pais, biológicos ou adotivos, por aquele que possui a guarda da criança ou até mesmo indivíduos próximos à criança

As espécies de violência doméstica contra a criança e o adolescente podem ser de natureza física, sexual, psicológica e de negligência:

Violência Física – corresponde ao emprego de força física no processo disciplinador de uma criança; é toda a ação que causa dor física, desde um simples tapa até o espancamento fatal. Geralmente os principais agressores são os próprios pais ou responsáveis, que utilizam essa estratégia como forma de domínio sobre os filhos.

Violência Sexual – é todo o ato ou jogo sexual entre um ou mais adultos e uma criança ou adolescente, tendo por finalidade estimular sexualmente essa criança/adolescente, ou utilizá-la para obter satisfação sexual. É importante considerar que, no caso de violência, a criança e adolescente são sempre vítimas e jamais culpados, e que essa é uma das violências mais graves pela forma como afeta o físico e o emocional da vítima.

Violência Psicológica – é toda interferência negativa do adulto sobre as crianças, formando nas mesmas um comportamento destrutivo. Existem mães que, sob o pretexto da disciplina ou da boa educação, sentem prazer em submeter os filhos a vexames. Sua tarefa mais urgente é interromper a alegria de uma criança através de gritos, queixas, comparações, palavrões, chantagem, entre outros, o que pode prejudicar a autoconfiança e autoestima.

São seis as formas estudadas:

1ª. Rejeição: quando o adulto não reconhece o valor da criança nem a legitimidade de suas necessidades;
2ª. Isolamento: o adulto afasta a criança de experiências sociais normais, impede-a de ter amigos e a faz acreditar que está sozinha no mundo;
3ª. Aterrorizamento: agressões verbais à criança ou adolescente em que o agressor cria um clima de medo, aterroriza e os faz crer que o mundo lhes é hostil;
4ª. Abandono: o adulto não estimula o crescimento emocional e intelectual da criança;
5ª. Cobrança: expectativas irreais ou extremadas exigências com relação ao rendimento escolar, intelectual, esportivo, entre outros;
6ª. Corrupção: ato pelo qual o adulto corrompe a criança encaminhando-a à prostituição, ao crime, ao uso de drogas.

Violência negligencial – pode ser considerada também como descuido, ausência de auxílio financeiro, colocando a criança e o adolescente em situação precária: desnutrição, baixo peso, doenças, falta de higiene.

Alguns doutrinadores consideram, ainda, a alienação parental como uma forma gravíssima de violência doméstica. Trata-se de uma forma de abuso psicológico, no qual um genitor influencia o filho com a intenção de dificultar ou impedir que este crie vínculos com o outro genitor; é uma prática muito grave a ponto de despertar inúmeros debates e até a criação de uma lei.

Dispõe o art. 2º dessa lei (Lei nº 12.318/2010): (BRASIL, 2010)

> Considera-se ato de alienação parental a interferência na formação psicológica da criança ou adolescente, promovida ou induzida por um dos genitores, pelos avós ou pelos que tenham a criança ou adolescente sob a autoridade, guarda ou vigilância, para que repudie genitor ou que cause prejuízo ao estabelecimento ou à manutenção de vínculos com este.

Dois aspectos devem ser ressaltados em relação à violência doméstica contra crianças e adolescentes: o primeiro é de que se trata de uma violência interpessoal, perpetrada, no caso das crianças e adolescentes, por pessoas investidas de função parental. O segundo aspecto ressalta que é uma violência cuja prática não se restringe ao espaço doméstico, ou seja, a violência intrafamiliar contra crianças e adolescentes é, por vezes, cometida pelos pais e responsáveis também em espaços públicos.

De acordo com Luciana Moreira e Giovanna Trevizani: (2012)

> As causas que detonam a agressividade física estão associadas a vários fatores:
>
> - Alcoolismo que muitas vezes aflora a agressividade contida no adulto.
> - Despreparo (imaturidade) para lidar com situações desconhecidas.
> - Sentimento de impotência diante das demandas das crianças e jovens.
> - Incapacidade de dialogar.
> - Incapacidade de vislumbrar alternativas à violência física no momento de impor limites.
> - Dificuldade de reconhecer o que de fato provoca a ira se é algo que tem a ver diretamente com o fato ocorrido ou se tem a ver com questões pessoais mal resolvidas, do tipo estresse no trabalho ou no casamento.

Há que se considerar, ainda, a gravidade das consequências causadas às crianças e adolescentes, vítimas dessa violência, que serão levadas para o resto da vida, podendo tais vítimas se transformarem também em agressores, face às referências que tiveram.

De acordo com a psicóloga Rosely Sayão, os pais, quando não conseguem convencer os filhos, apelam a recursos extremos para impor a sua autoridade, já que sabem que fisicamente são superiores a uma criança. A psicóloga afirma que o tapa não serve como medida educativa, mas sim como indisponibilidade dos pais para medidas educativas. Ainda, segundo ela, ao tomar uma atitude violenta, o adulto reflete na criança um papel desigual, tratando-a como adulto, violentamente, como se fossem iguais. O próximo passo seria, então, o filho devolver os tapas que recebeu. (SAYÃO, 2005)

Cacilda Paranhos, psicóloga e pesquisadora da USP, afirma que a violência não é um bom instrumento de disciplina. De acordo com a pesquisadora, o método pode até ser eficaz em um primeiro momento, porém a criança passa a temer menos a agressão e a desobedecer mais ainda. Assim, os pais passam a tomar atitudes mais violentas em busca dos resultados que conseguiram com as primeiras palmadas. Os filhos raramente refletem sobre as suas atitudes, pois a agressão gera a raiva, e, por isso, podem se afastar dos pais. Com a agressão, a autoestima da criança fica comprometida, podendo gerar problemas de imagem pelo resto da vida. Consequentemente, a criança também passa a esconder suas atitudes dos pais e muitas vezes entende, que como já foi punida pelo seu erro, pode, então, cometer outro. Além disso, a psicóloga afirma que a atitude é uma grande covardia, pela desproporcionalidade entre um adulto e uma criança, e constitui uma prova de que os pais perderam o controle da situação. (PARANHOS, 2001)

De acordo com Jessica Costa e Maria Fernanda Mendonça: (2015)

> pode-se concluir que as crianças vítimas de agressão física tendem a: ter medo dos pais, ter baixa autoestima, ter problemas escolares, esconder seus erros dos pais, ter problemas de inserção social, ter dificuldade ao encarar problemas, dentre outras consequências. Dessa forma, percebe-se que a palmada, mesmo sendo entendida por muitos como uma forma de educar e disciplinar, constitui um método violento que pode causar o efeito contrário e prejudicar o desenvolvimento natural da criança.

Caio Lencioni é autor de um interessante estudo, o qual apontou que: (2018)

> Quase 7 em cada 10 crianças (67%) da América do Sul e do Caribe, com idades entre 1 e 14 anos, já sofreram punições corporais. O dado é do estudo *'Ending Violence in Childhood: Global Report 2017'*.
>
> E o Brasil não foge dessa tendência: 68% das crianças brasileiras com até 14 anos, o equivalente a 30,3 milhões de crianças, já sofreram violência corporal em casa.
>
> Além disso, 58,9% das denúncias recebidas pela *Ouvidoria Nacional de Direitos Humanos*, via canais como o Disque 100, são referentes a algum tipo de violência contra crianças e adolescentes. Só em 2017, foram 84.049 denúncias do tipo. No ano anterior, haviam sido 76.171.
>
> Os principais tipos de violência denunciadas são: negligência (61.416), violência psicológica (39.561) e violência física (33.105).
>
> O balanço da *Ouvidoria Nacional de Direitos Humanos* aponta, ainda, que 57% dos casos de violência contra crianças e adolescentes denunciados acontecem dentro da casa da vítima. As vítimas mais frequentes são meninas negras (pretas e pardas) com idades entre 4 e 17 anos.

Além das marcas físicas, a violência costuma causar também sérios e duradouros danos, e traz consigo consequências comportamentais e psicológicas que atingirão os hábitos, costumes e pensamentos das gerações futuras. É na infância que é moldada grande parte das características afetivas e de personalidade que a criança e o adolescente carregarão para a vida adulta. As crianças aprendem com os adultos, normalmente e primeiramente dentro de casa, a maneira de ver e lidar com a vida e a sociedade. É dentro do lar que a criança e o adolescente têm as primeiras noções de direito e respeito aos outros, a própria noção de autoestima, a maneira de resolver conflitos, frustrações ou de conquistar objetivos e tolerar perdas. Enfim, todas as formas de se portar diante da existência são profundamente influenciadas durante essa idade. É assim que muitas crianças abusadas, violentadas ou negligenciadas na infância tenderão a serem acuadas e apreensivas, com grandes chances de se tornarem agressoras na vida adulta; é o já conhecido ciclo da violência. (NUNES, 2012)

A violência intrafamiliar expressa dinâmicas de poder/afeto nas quais estão presentes relações de subordinação e dominação. Nessas relações, pais e filhos, de diferentes gerações, estão em posições opostas e assimétricas. No campo das relações familiares geradoras da violência, é preciso também considerar a desigualdade de poder entre homens e mulheres. Usualmente, são as mulheres que ocupam a posição subalterna nessas relações.

A violência intrafamiliar é um fenômeno de alta complexidade, o que significa que não se lhe pode atribuir uma causa única. É preciso considerar que os adultos, no contexto familiar, são pessoas significativas do ponto de vista afetivo para as crianças e os adolescentes e que, ao agirem de forma violenta, provocam nas crianças e nos adolescentes graves sequelas emocionais. (MOREIRA; SOUZA. 2012)

3. Lei nº 13.010/14 (lei da palmada)

Na tentativa de coibir a violência doméstica contra crianças e adolescentes, criou-se a Lei 13.010/14 (lei da palmada). Essa lei visa garantir o direito de uma criança ou jovem à ser educado sem o uso de castigos corporais. Demonstra, de fato, uma preocupação do Estado com o respeito à dignidade e, principalmente, à integridade da criança e do adolescente

Define “castigo físico” como qualquer ação com o uso da força física que resulte em sofrimento ou lesão, e “tratamento cruel” como qualquer conduta que humilhe, ameace ou ridicularize a criança ou adolescente. Prevê que pais, demais integrantes da família, responsáveis e agentes públicos executores de medidas socioeducativas que descumprirem a norma vão receber encaminhamento para um programa oficial ou comunitário de proteção à família, tratamento psicológico ou psiquiátrico, e advertência.

Essa lei também fez modificações no Estatuto da Criança e do Adolescente, alterando o art. 13, vetando o art. 245 e acrescentando ao diploma legal os arts. 18-A, 18-B e 70-A. (BRASIL, Lei n. 13.010, 2014) Todavia, desde a sua promulgação, ela vem sofrendo severas críticas. Especialistas acreditam que se trata de lei subjetiva e que nada acrescenta à legislação vigente.

Para que se possa compreender melhor, o art. 18-A estabelece que as crianças e adolescentes possuem o direito de ser educados e cuidados sem que sofram o castigo físico ou tratamento cruel ou degradante como forma de correção, disciplina, educação ou qualquer outro pretexto, pelos pais ou qualquer integrante da família, responsável, executores de medidas socioeducativas ou qualquer pessoa encarregada de cuidar, tratar, educar ou proteger a criança e o adolescente. Já o art. 18-B estabelece o tratamento a que serão submetidas as pessoas descritas no art. 18-A, caso se utilizem do castigo físico ou tratamento cruel ou degradante contra crianças e adolescentes.

Está sujeita à sanção legal qualquer pessoa encarregada de cuidar, tratar, educar e proteger crianças e adolescentes: pais ou responsáveis, integrantes da família ampliada e agentes públicos executores de medidas socioeducativas. Aos infratores está prevista a imposição de cinco medidas, que vão desde o encaminhamento dos responsáveis a programa de proteção à família, a imposição de tratamento psicológico ou psiquiátrico, até a mera advertência. Também pode ser imposta a obrigação de encaminhar a criança a tratamento especializado.

De modo geral, grande parte da sociedade posicionou-se contrária à Lei, simplesmente por ela coibir a palmada, porque, no seu entender, prejudicaria a autoridade dos pais em relação aos filhos.

Essa Lei recebeu, posteriormente, o nome do menino Bernardo Uglione Boldrini, que foi morto em abril de 2014, no Rio Grande do Sul, figurando como suspeitos do crime, e posteriormente condenados, seu pai e sua madrasta. Trata-se de um caso que gerou intensa comoção na sociedade, principalmente quando vídeos do acervo pessoal da família mostraram o menor sendo maltratado dentro de casa, o que levantou o debate sobre a prevenção das violências contra crianças e adolescentes no seio familiar.

3.1. Posições contrárias à lei da palmada

Um dos primeiros argumentos trazidos pelos opositores à Lei refere-se ao fato de que, segundo eles, essa norma prejudica a autoridade dos pais sobre os seus filhos e, dessa forma, as crianças serão educadas sem limites.

Os que assim se posicionam defendem que ela é desnecessária, tendo em vista que a nossa legislação, em inúmeros artigos do Código Penal, ECA e Código Civil, já prevê penalidades para os que atentarem contra a integridade física e psíquica das crianças e adolescentes.

Antes mesmo que se pensasse em qualquer medida mais específica para proibir castigos que degradem a criança e o adolescente, física e psicologicamente, a Constituição Federal já previa, na parte final de seu artigo 227, que eles deveriam estar "a salvo de toda forma de negligência, discriminação, exploração, violência, crueldade e opressão". O próprio Estatuto da Criança e do Adolescente, em seu artigo 232, estabelece que quem submeter criança ou adolescente que se encontre sob sua autoridade, guarda ou vigilância, a vexame ou a constrangimento será penalizado com detenção de até 2 anos.

Temos, ainda, a Lei de Tortura que dispõe em seu art. 1° : quem submeter alguém, sob guarda, poder ou autoridade, emprego de violência ou grave ameaça, a intenso sofrimento físico ou mental, como forma de aplicar castigo pessoal ou medida de caráter preventivo, estará sujeito à pena de reclusão de até 8 anos. Se a pessoa sob guarda, poder ou autoridade for criança ou adolescente, a pena de reclusão poderá chegar a 10 anos e 8 meses.

Por fim, o próprio Código Penal, em seu artigo 136, afirma que quem expuser a perigo a vida ou a saúde de pessoa sob sua autoridade, guarda ou vigilância, para fins de educação, ensino, quer abusando de meios de correção ou disciplina, sujeitar-se-á a uma pena de detenção de até um ano

Há doutrinadores que argumentam, ainda, que uma palmada não faria mal algum à criança ou adolescente. Segundo essa linha de pensamento, os castigos físicos moderados seriam indispensáveis na imposição de limites aos filhos e a palmada faria parte da educação familiar, já que se alega que, não raro, o uso do diálogo não constitui meio eficaz para fixar limites de respeito e educação, tornando necessária a utilização de outro tipo de medida. (COELHO, 2012, p. 92)

Ainda de acordo com os opositores da Lei n. 13.010/2014, a intimidade e a vida privada dos indivíduos não poderiam se tornar objeto de controle estatal, já que são direitos invioláveis dispostos expressamente no próprio texto constitucional. Ao intervir nessa seara, o Estado estabeleceria uma relação para com os direitos fundamentais em que, ao mesmo tempo em que protege a dignidade, poderia ferir a intimidade e a vida privada no ambiente familiar. Especialmente por se tratar de um âmbito da vida em sociedade tão importante e particular, seria relevante que o Estado não interferisse de forma a assumir, controlar e vigiar a vida dos indivíduos, determinando como os pais devem criar e educar seus filhos. (COELHO, 2012, p. 96-97)

3.2. Posições favoráveis à lei da palmada

Segundo seus defensores, a Lei nº 13.010/2014 é uma das ações que pretende educar as pessoas para que resolvam os seus problemas através do diálogo e da compreensão mútuos, e não por meio de agressões físicas e/ou humilhações.

Os argumentos favoráveis à Lei são no sentido de que ela visa ao reconhecimento e à garantia dos direitos humanos de crianças e adolescentes e à superação de um costume arcaico. Outro argumento é o de que a violência física não educa os menores de idade.

De acordo com Lívia Rodrigues: (2015)

> Toda criança e adolescente têm o direito de serem educados, sem o uso de qualquer forma de violência física, psicológica ou mental. Sendo assim, qualquer forma de omissão por parte dos pais para com os filhos, que impliquem o uso de determinada violência, configura-se um desrespeito ao direito que crianças e os adolescentes possuem de terem tratamento digno.

Prossegue afirmando que:

> Atualmente, muitos psiquiatras, sociólogos e psicólogos afirmam que uma criança vítima de castigos corporais terá grandes chances de reproduzir em sua idade adulta tudo aquilo que passou, o tornando assim, um adulto violento e agressivo. A contrário senso observa-se que os castigos físicos não educam, e sim ensinam as crianças a resolver seus problemas com o uso da força, pois estas entenderam que é possível machucar alguém desde que seja menor e mais frágil.
>
> Por isso, a punição física pode causar tormento e grande mágoa à criança, e assim ela poderá adquirir uma relação com os pais baseada no medo que sentem destes, podendo manifestar toda a raiva, a dor e a frustração que sentem quando tiverem forças expressá-la. Entretanto, quando

> a família é construída com um vínculo baseado em amor e afeto, os benefícios serão nítidos e concretos.

Com opinião também favorável à Lei, a Procuradora Maria Ignez Franco Santos afirma que:

> O grande mérito do projeto é reconhecer que a violência (dita punição corporal), em qualquer das suas formas, não constitui ação pedagógica, sabido que, além de eventual aflição física, ocasiona efeitos psicológicos nocivos ao desenvolvimento mental da criança ou do adolescente. (...)
>
> Não raro, a agressão, ainda que eventualmente moderada, representa o desafogar de frustrações e irritações diárias, falta de paciência, estando longe de constituir uma necessidade educativa. Entende-se duvidosa a postura de quem sustenta que a imposição de regras e limites precisa ocorrer pela palmada, o beliscão, a chinelada, o tilintar da cinta.

Para Maria Berenice Dias, o grande mérito dessa lei está no fato de acabar com a absurda permissão que o Código Civil outorgava aos pais de castigar os filhos, ao menos moderadamente. Isso porque só o castigo imoderado ensejava a perda do poder familiar (CC, art. 1.638, inc. I); o castigo moderado era admitido. Agora não mais. Quem impinge castigo físico ou tratamento cruel ou degradante fica sujeito a cumprir medidas de caráter psicossociais. (DIAS, 2014)

Em agosto de 20019, a ministra da Mulher, Família e dos Direitos Humanos, Damares Alves, fez uma publicação nas suas redes sociais que despertou a crítica de muitos apoiadores, ao defender a Lei Menino Bernardo, mais conhecida como a "Lei da Palmada", nos seguintes termos: 'Temos que ter muita atenção e muito cuidado com isso, a interferência estatal na família. Mas com um detalhe: o Estado tem que preservar a integridade física da criança."

Na mesma ocasião, também fez críticas à lei, afirmando que ela deixava "brechas para várias interpretações ou a dúvida se os pais podem ser denunciados, o tempo todo, pelos filhos quando eles forem disciplinados."

No entanto, Damares não se posicionou contra a Lei, deixando claro o seu apoio. "Os agressores serão punidos e acompanhados, mas a família tem a autonomia na educação dos seus filhos. Não sou contra a Lei da Palmada, sou contra agressão à criança", disse ela, segundo O Globo. (FILHO, 2019)

4. Direito comparado

Possuem lei específica de proteção contra a violência familiar os seguintes países: Argentina, Bolívia, Chile, Colômbia, Costa Rica, Equador, El Salvador, Guatemala, Honduras, Nicarágua, Panamá, Paraguai, Peru, Porto Rico, Uruguai e Venezuela. Todos optaram por aprovar leis que incluem medidas cíveis ou criminais dirigidas especialmente à proteção da vítima e ao binômio : responsabilização e recuperação do agressor.

A Suécia foi o primeiro país europeu a adotar a lei, em 1979, seguido por Finlândia (1983) e Noruega (1987). (Folha de São Paulo, 2019)

Em julho de 2019, o Parlamento francês também adotou uma lei que proíbe aos pais infligir punições corporais a seus filhos. A França tornou-se, então, o 56º Estado que proíbe as punições corporais às crianças, segundo uma lista realizada por uma ONG britânica.

A lei estabelecida diz que "As crianças têm direito a cuidados, segurança e uma boa educação. As crianças devem ser tratadas com respeito pela sua pessoa e individualidade e não podem ser submetidas a castigos corporais ou qualquer outro tratamento humilhante"

Em 2007, o Uruguai aprovou uma lei que proíbe toda e qualquer punição corporal de crianças ("Proyecto de Ley Sustitutivo – Prohibición del castigo físico"). Antes, o Código Civil do país previa que os pais poderiam "corrigir" moderadamente as crianças, sem especificação sobre agressões físicas ou psicológicas. Mas o Código Civil atual reconhece o direito das crianças de não serem castigadas fisicamente.

No Canadá, há uma longa história de discussões sobre a proibição das palmadas em crianças. O artigo 43 da Constituição Penal canadense, de 1892, prevê que pais, professores e tutores podem usar "força razoável" para disciplinar as crianças. Em 2004, foi apresentado o projeto de lei chamado "Bill S-209", que visava eliminar o artigo 43 da Constituição e permitia que os pais pudessem usar a força em situações muito específicas – como uma pequena palmada na mão, para evitar que uma criança faça algo perigoso. Mas a palmada de rotina, com o intuito de disciplinar e como castigo premeditado, não seria permitida. O projeto foi aprovado pelo Senado em junho de 2008, porém, para se tornar lei, ainda é necessária a votação do Parlamento.

Nos Estados Unidos, não há leis específicas sobre o uso das palmadas pelos pais na educação das crianças. (TEMISTOCLES, 2011) A prática é permitida por lei em escolas públicas de 19 dos 50 Estados americanos, compreendendo alunos desde a pré-escola até o 12º ano (equivalente ao último ano do ensino médio no Brasil). Nas escolas particulares, o alcance é ainda maior, com permissão em 48 Estados – somente Nova Jersey e Iowa proíbem.

O tipo mais comum de castigo é a aplicação de golpes de palmatória nas nádegas ou nas mãos, mas há também relatos de espancamento com outros objetos, como cintos ou réguas. Cada Estado tem suas próprias regras, que incluem detalhes como o tipo de palmatória usada, o número máximo de golpes e o grau de força permitidos. A palmatória é feita de madeira e tem tamanho variado, geralmente em torno de 40 cm de comprimento e de 5 cm a 10 cm de largura. Algumas têm buracos para aumentar a velocidade do golpe e a dor. Os golpes são aplicados por um professor, diretor ou outro funcionário autorizado. Certas escolas exigem a presença de uma testemunha adulta. (CORREA, 2019)

Em Portugal, o castigo físico é ilegal desde 2007, e punido pelo Código Penal – que condena o castigo em ambiente de violência doméstica, maus-tratos ou ofensa à integridade física. A proibição desse tipo de agressão está presente nos crimes de Violência doméstica (artigo 152º) e de Maus-tratos (artigo 152º-A).

Conclusões

Culturalmente a violência ainda é reconhecida como uma medida disciplinar no processo de educação de filhos.

É lamentável o número de pais que ainda acreditam na imposição de violência física como a melhor maneira de educar a criança ou adolescente.

Por tudo que foi exposto, resta evidente que as consequências são gravíssimas e não devem ser admitidas. Podem afetar seriamente não só a aprendizagem como também o desenvolvimento físico, mental e emocional dos envolvidos

É preciso acabar com a ideia de que "uma palmadinha não dói". Estudos demonstram o contrário. Toda forma de violência deixa sequelas, algumas visíveis, outras não. È nesse sentido que a manifestação da violência física se mostra mais repugnante, uma vez que essa manifestação nos corpos é geralmente trágica.

A prática de violência contra a população infanto-juvenil tem seus resultados sentidos com maior intensidade, uma vez que essa população ainda está em fase de desenvolvimento físico e mental e, sendo assim, todas as manifestações dessa ordem afetam seu caráter e personalidade.

O diferencial da violência doméstica com relação a outros tipos é que, na primeira, o agredido convive diariamente com o agressor e é obrigado a se submeter às suas vontades constantemente, já que sua sobrevivência, com freqüência , depende daquele que traz o sustento para o lar; ,e, na segunda, o agredido muitas vezes jamais verá o agressor pela segunda vez.

A sociedade caminha a passos largos para um aumento nos casos de agressão e violência. Nossos legisladores vêm tentando coibir esse aumento com novas normas e novas leis. Nesse esteio, promulgou-se a Lei nº 13.010/2014 (Lei da Palmada ou Menino Bernardo), a qual gerou e ainda gera inúmeras discussões entre pais, doutrinadores e a própria sociedade. Muitos a criticaram alegando não ser necessária, uma vez que já existiriam normas suficientes para coibir essa violência. Outros consideraram que o Estado não tem direito de intervir na forma como os pais educam seus filhos.

Todavia, o Estado não busca criminalizar os pais ou responsáveis que empregam os castigos físicos moderados. Busca, apenas modificar de forma educativa o pensamento e os costumes na educação disciplinar familiar. Registre-se que, se esses pais fossem considerados criminosos, o menor sofreria maiores prejuízos.

Assim o advento da conhecida lei da palmada, não buscou responsabilizar criminalmente e nem impedir os pais de proporcionarem a seus filhos uma boa forma de discipliná-los, apenas impede-os de utilizarem os castigos físicos, apresentando outras formas alternativas de disciplinar.

Por todo exposto, resta dizer que, mais do que criar leis ou criticá-las, é preciso que ocorra uma mudança urgente no comportamento e nas condutas praticadas por quem tem o dever de educar. É preciso entender que a violência física, a punição severa e a repreensão exagerada de uma criança ou adolescente não irão resolver o problema, e sim criarão outro problema ainda maior.

REFERÊNCIAS

AZEVEDO, Maria Amélia e GUERRA, Viviane Nogueira de Azevedo. **Mania de bater: a punição corporal doméstica de crianças e adolescentes no Brasil**. São Paulo: Editora iglu, 2001.

BRASIL. **Constituição da República Federativa do Brasil de 1988**. Disponível em: http://www.planalto.gov.br/ccivil_03/constituicao/constituicao.htm Acesso em: 14/08/2019

Decreto-lei no 2.848, de 7 de dezembro de 1940. Código Penal Brasileiro. Disponível em: http://www.planalto.gov.br/ccivil_03/decreto-lei/de 12848 compilado.htm Acesso em: 13/08/2019

Lei nº 8.069, de 13 de julho de 1990. Estatuto da Criança e do Adolescente. Disponível em: **http://www.planalto.gov.br/ccivil_03/leis/l8069.htm Acesso em: 13/08/2019**

Lei nº 9.455, de 7 de abril de 1997. Lei da Tortura. Disponível em: http://www.planalto.gov.br/ccivil_03/leis/l9455.htm Acesso em: 09/08/2019

Lei nº 12.318, de 26 de agosto de 2010. Dispõe sobre a alienação parental e altera a Lei 8.069, de julho de 1990. Brasília, 2010.Disponível em: http://www.planalto.gov.br/ccivil_03/_ato2007-2010/2010/lei/l12318.htm Acesso em: 09/08/2019.

Lei **nº 13.010, de 26 de Junho de 2014 – Lei da Palmada.** Disponível em: http://www.planalto.gov.br/ccivil_03/_ato2011-2014/2014/lei/l13010.htm Acesso em: 12/08/2019

COELHO, Ana Carla Tavares. **A intervenção do Estado brasileiro na vida privada: um estudo sobre a Lei da Palmada**. Dissertação (Mestrado em Direito) – Faculdade de Direito do Sul de Minas, Pouso Alegre, 2012.

CORRÊA. Alessandra. **Porque o uso da palmatória ainda é legal em escolas públicas de 19 Estados americanos.** Disponível em: https://www.bbc.com/portuguese/internacional-47622799 Acesso em: 16/08/2019

COSTA. Jessica. MENDONÇA. Maria Fernanda Aidar. **As novas diretrizes trazidas pela Lei da Palmada – Lei n. 13.010, de 26 de junho de 2014**. Disponível em: https://www.migalhas.com.br/arquivos/2015/6/art20150602-08.pdf Acesso em: 14/08/2019

DIAS. Maria Berenice. **Lei da Palmada? Lei Menino Bernardo?**Disponível em: http://www.mariaberenice.com.br/manager/arq/(cod2_585)lei_da_palmada.pdf cesso em: 14/08/2019

FILHO. WILL R. **Damares Alves defende a "Lei da Palmada" e desperta a crítica dos apoiadores.** Disponível em: https://www.opiniaocritica.com.br/noticia/507/damares-alves-defende-a-qlei-da-palmadaq- e-desperta-a-critica-dos-apoiadores Acesso em: 20/08/2019

FOLHA DE SÃO PAULO. **França é o 56º país a adotar lei da palmada, que será citada durante casamentos civis.** Disponível em: https://www1.folha.uol.com.br/equilibrioesaude/2019/07/franca-e-o-56o-pais-do-mundo-a- adotar-lei-da-palmada-que-sera-citada-durante-casamentos-civis.shtml Acesso em: 15/08/2019

LENCIONI. Caio. **57% dos casos de violência contra crianças ocorrem dentro de casa**. Disponível em: https://observatorio3setor.org.br/carrossel/57-dos-casos-de-violencia-contra-criancas- ocorrem-dentro-de-casa/ Acesso em: 15/08/2019

MADALENO. Rolf. **Curso de direito de família.** 6. ed. Rio de Janeiro: Forense, 2015

MOREIRA. Luciana Maria Reis. TREVIZANI. Giovanna Bianca. **Lei da Palmada: Educai as crianças para que não seja necessário punir os adultos.** Disponível em: https://ambitojuridico.com.br/edicoes/revista-106/lei-da-palmada-educai-as-criancas-para-que-nao-seja-necessario-punir-os-adultos/ Acesso em: 20/08/19

MOREIRA. Maria Ignez Costa. SOUSA. Sônia Margarida Gomes. **Violência intrafamiliar contra crianças e adolescentes: do espaço privado à cena pública. Disponível em:** http://osocialemquestao.ser.puc-rio.br/media/2artigo.pdf Acesso em: 29/08/2019

NUNES. Vanessa Luengo Pereira. **Violência contra crianças e adolescentes. Realidade versus tratamento jurídico. Disponível em:** https://aberto.univem.edu.br/bitstream/handle/11077/907/Vanessa%20Luengo_VIOL%c3%8aNCIA%20CONTRA%20CRIAN%c3%87AS%20E%20ADOLESCENTES_REALIDADE%20VERSUS%20TRATAMENTO%20JUR%c3%8dDICO.pdf?sequence=1&isAllo wed=y Acesso em: 16/08/2019

PARANHOS. Cacilda. **Palmada fora-da-lei**. Superinteressante. Fevereiro de 2001. Disponível em: https://super.abril.com.br/comportamento/palmada-fora-da-lei/ Acesso em: 14/08/2019.

POLI. Cris. **A Importância da família na vida dos filhos.** Disponível em: http://institutocrispoli.com.br/blog/importancia-da-familia/ Acesso em: 14/08/2019

RODRIGUES. Lívia Maria de Brito. **Análise da Lei Menino Bernardo (Lei nº13.010/2014).** Disponível em: https://jus.com.br/artigos/42982/analise-da-lei-menino-bernardo-lei-n-13-010-2014/2 Acesso em 13/08/2019

SANTOS. Jessica Xavier dos. **Uma análise psicossocial, histórica e jurídica da Lei da Palmada (Lei 13.010/2014).** Disponível em: http://www.facha.edu.br/pdf/monografias/20102829.pdf Acesso em: 13/08/2019

SANTOS. Maria Ignez Franco. **Proibição das Palmadas Pedagógicas: posição favorável**. Disponível em: http://www.cartaforense.com.br/conteudo/artigos/proibicao-das-palmadas-pedagogicas- posicao-favoravel/5965 Acesso em: 14/08/2019

SAYÃO. Rosely. **Palmada Educa ou Deseduca**. Folha de S. Paulo. 07 de abril de 2005. Disponível em: https://www1.folha.uol.com.br/fsp/equilibrio/eq0704200513.htm Acesso em: 14/08/2019

TEMISTOCLES. Raquel. **O mundo contra a palmada.** Disponível em: Acesso em: 16/08/2019

VERONESE, Josiane Rose Petry. DA COSTA, Marli Marlene Moraes. **Violência doméstica: quando a vítima é criança ou adolescente – Uma leitura interdisciplinar.** Florianópolis: OAB/SC, 2006.

5.
EUTANÁSIA E O DIREITO A UMA MORTE DIGNA

Introdução

Enquanto o elevador subia, ele procurava os argumentos, as palavras, a forma de comunicar ao seu paciente os resultados de todos aqueles exames e, o mais importante, convencê-lo a continuar lutando. Lutar para viver, como se a vida pudesse ser naquele momento o bem maior. Que absurda pretensão – pensou ele. Convencer um ser humano a continuar vivendo em um labirinto de dores, medo e de aflições sem poder mostrar-lhe uma saída. Mais uma vez a fé na sua ciência fora abalada. Ele até que já se acostumara com isso. Há muito havia perdido a ilusão de que bastava aplicar os seus conhecimentos para obter a cura. Havia sempre algo mais, havia sempre o imponderável o inusitado instante onde a doença seguia o seu curso e nada podia ser feito. Ultimamente, ele era capaz de reconhecer com precisão a chegada desse momento. Era como se, de repente, o céu se turvasse de nuvens escuras e aquela sensação de sufoco que prenuncia a tempestade enchesse o ar ao seu redor. Era o final da contenda, bastava aguardar o tempo correr.

O elevador chegou ao sétimo andar e ele desceu. Não tinha pressa. Apanhou o prontuário e fingiu que lia atentamente. Respondeu com um murmúrio o cumprimento da enfermeira. Foi repetindo automaticamente a prescrição anterior. Sentiu dentro de si toda a inutilidade daqueles atos. Era o teatro de sempre. Mostrar-se senhor da situação apesar da derrota eminente.

Entrou no quarto. As persianas fechadas, os cheiros de remédios misturados com as exalações de um corpo magro estirado sobre a cama, quase o fizeram recuar. Lá estava ele, olhos semicerrados, rosto esquálido, narinas abertas aspirando com dificuldade o ar que se tornava cada vez mais escasso. Não dava para saber se estava dormindo ou se apenas aguardava com resignação que seu corpo enfim o libertasse. A vida bruxuleava como a luz de uma vela prestes a se extinguir.

Aproximou-se do paciente e permaneceu alguns segundos parado ao seu lado observando. Não sabia o que falar, mas naquele momento, as palavras nada poderiam traduzir. Deu mais um passo e apanhou a mão do doente. Sentiu aqueles dedos frios apertarem levemente a sua mão. Percebeu o seu pulso débil. Olhou para o soro que pingava e espremeu o seu cérebro à procura de algo que pudesse diminuir aquela dor. Nada lhe ocorria. Havia chegado ao fim dos seus conhecimentos. A ciência mais uma vez saía derrotada nessa contenda. Deixou crescer dentro do peito aquele sentimento de impotência que o fazia sentir com a uma criança repreendida pelo pai. Pousou a outra mão sobre a testa do paciente que ao senti-la esboçou um leve sorriso. Pensou em rezar, mas desistiu. Pensou em dizer algumas palavras de conforto, mas elas não lhe vieram à mente. Naquele instante percebeu o olhar fundo e penetrante do paciente que o observava com atenção. Surpreendeu-se. Teve a impressão de que havia pena naquele olhar. Pena de quem? De si mesmo, por certo. Ou seria pena de mim? – pensou ele. O som daquela voz, quase um sussurro, fez com que ele retornasse à realidade.

– Não desista, doutor! Não desista! A vida é assim mesmo, cheia de altos e baixos.

Largou a mão do paciente e saiu do quarto lentamente como se sai de um templo. Fez algumas anotações no prontuário levantou-se e dirigiu-se a escada. Não havia chegado ao quarto degrau quando percebeu a correria das enfermeiras e o ruído estridente do carrinho de parada sendo empurrado pelo atendente que gritava:

– Código Azul, código azul!

Virou-se e retornou lentamente. Sabia para onde todos corriam. Continuou andando, como se carregasse sobre os seus ombros o peso do mundo.

Empurrou a porta do quarto e quase acertou a enfermeira que nervosa dava as ordens. Sobre aquele corpo inerte debruçavam-se mãos ágeis, massageando, ligando fios, instalando máscara, puncionando veias. O circo dos horrores que ele tanto detestava.

Aproximou-se e percebeu que naquele olhar havia apenas o brilho de uma lágrima que corria silenciosa enquanto seu corpo era violentamente sacudido no sobe e desce da massagem que abaulava aquelas frágeis costelas. Alguém gritou:

– Vamos entubar!

Parece que aquelas palavras despertaram nele uma fúria incontrolável. Todos se assustaram quando ele gritou a todos pulmões:

– Parem!!!

No silêncio que se seguiu, se destacava o bipe do aparelho marcando os batimentos cada vez mais lentos.

No rosto pálido do paciente o alívio e os olhos sem brilho que se fixavam no seu médico. Em um último e derradeiro esforço ele puxou o ar para dentro

> *dos pulmões. Todos que ali estavam poderiam jurar que ele sorria quando disse bem claramente:*
>
> *– Obrigado doutor.*
>
> *O bipe se tornou um ruído fino e estridente, que não conseguia abalar a sensação de paz que por breves segundos dominou aquele ambiente de luta. Venceu enfim a dignidade. (Gimenes, 2015, págs. 177/178)*

Sob quaisquer aspectos que analisarmos a eutanásia, sem sombras de dúvidas, estaremos diante de um dos temas mais polêmicos, controversos e delicados da nossa história e, principalmente, do Direito Brasileiro. E não estamos diante de um assunto recente. Tampouco é recente a polêmica que o circunda. Desde os tempos da Grécia Antiga, encontramos correntes totalmente antagônicas.

Para a realização deste artigo, diversas pesquisas foram efetuadas e diversos textos foram lidos. Na maioria deles, os autores esquivaram-se de expor uma opinião própria e se ativeram, apenas, à dissertação acerca dos aspectos históricos, conceituais e jurídicos.

Pretende-se, então, discutir os vários aspectos que envolvem a eutanásia: os legais, médicos, religiosos, entre outros. Não há como se discutir a eutanásia sem se considerar todos esses aspectos.

1. Breve histórico

A eutanásia acompanha a humanidade desde os mais remotos tempos. Nas páginas bíblicas, a morte do Rei Saul é citada como o primeiro relato noticiado de eutanásia, tendo o monarca pedido a um amalecita que o matasse, após ferido em batalha, com o objetivo de não cair prisioneiro.

De acordo com Artur Braian: (2016)

> *Na Antiguidade, por exemplo, a sua prática era muito comum.*
>
> - *Em algumas comunidades pré-celtas e celtas, os filhos matavam os seus pais quando estes estivessem muito velhos e doentes.*
> - *Na Índia, os doentes incuráveis eram atirados ao rio, depois de terem boca e narinas tapadas com uma lama ritual.*
> - *Em Esparta tal prática era comum, e em alguns casos, obrigatória, como no caso de recém-nascidos, com alguma deficiência.*
> - *Os birmaneses enterravam vivos, idosos e enfermos graves.*

- *Populações rurais sul-americanas, que fossem nômades por fatores ambientais, sacrificavam anciães e enfermos, para não os expor a ataques de animais.*

Na Grécia Antiga, há que se mencionar a existência de duas correntes totalmente antagônicas.

A primeira, liderada por Platão, Sócrates e Epicuro, defendia a ideia de que o sofrimento resultante de uma doença dolorosa justificava o suicídio. Em contrapartida, Aristóteles, Pitágoras e Hipócrates, líderes da segunda corrente, condenavam a eutanásia e o suicídio assistido. Hipócrates, em seu famoso juramento, já dizia: "*Eu não darei qualquer droga fatal a uma pessoa, se me for solicitado, nem sugerirei o uso de qualquer um desse tipo.*" (GOLDIM, 2013)

Já no Império Romano, Cleópatra e Marco Antonio criaram uma academia para o estudo de formas menos dolorosas de morrer.

A discussão sobre o tema prosseguiu ao longo da história da humanidade, com a participação de Lutero, Thomas Morus (Utopia), David Hume (*On suicide*), Karl Marx (*Medical Euthanasia*) e Schopenhauer.

No século XX, essa discussão teve um de seus momentos mais acalorados entre as décadas de 20 e 40. Foi enorme o número de exemplos de relatos de situações que foram caracterizadas como eutanásia, pela imprensa leiga, neste período.

No Brasil, entre 1914 e 1935, na Faculdade de Medicina da Bahia, mas também no Rio de Janeiro e em São Paulo, inúmeras teses foram desenvolvidas sobre esse assunto. Também na Europa, especialmente, muito se falou de eutanásia, associando-a com eugenia que buscava a eliminação de deficientes, pacientes terminais e portadores de doenças consideradas indesejáveis. Nesses casos, a eutanásia era, na realidade, um instrumento de "higienização social", com a finalidade de buscar a perfeição ou o aprimoramento de uma "raça", nada tendo a ver com compaixão, piedade ou direito para terminar com a própria vida.

2. Conceito

O termo "eutanásia" foi criado no século XVII, em 1623, pelo filósofo Francis Bacon, em sua obra " *Historia vitaes et mortis*", para designar o tratamento adequado de doenças incuráveis. Eutanásia significa, etimologicamente, "boa morte', que deriva da semântica grega "eu" (boa ou bom) e "*thanatos*" (morte). Influenciado pela corrente de pensamento da filosofia experimental dominante à época, Bacon sustentou a tese de que, nas enfermidades consideradas incuráveis, era absolutamente humano e necessário dar uma boa morte e abolir o sofrimento dos enfermos.

William Fleming cita outros conceitos para a eutanásia: (2018)

> *...outros conceitos de eutanásia podem ser denominados do seguinte modo: morte benéfica, crime humanitário, direito de matar, homicídio piedoso, exterminação de vidas sem valor vital, suprema caridade, direito de morrer, morte libertadora, eliminadora, boa morte, crimes caritativos, piedade homicida, homicídio caritativo, a arte de morrer e morte de incuráveis.*

Marcello Ovídio Lopes Guimarães traz, em sua obra, um conceito simples de eutanásia:(2011, p. 91)

> *... a provocação de morte piedosa, por ação ou inação de terceiro, de que se determine encurtamento da vida, em caso de doença incurável que acometa paciente terminal a padecer de profundo sofrimento. Abarca ela, portanto, a provocação da morte por ação (eutanásia própria em sentido estrito, ou eutanásia ativa) ou por inação (eutanásia passiva).*

Asúa (2003), renomado professor espanhol, em sua obra "Liberdade de Amar e Direito de Morrer", define a eutanásia como a "*morte que alguém proporciona a uma pessoa que padece de uma enfermidade incurável ou muito penosa, e a que tende a extinguir a agonia demasiado cruel ou prolongada*".

Vale ressaltar que o termo eutanásia passou a designar a morte deliberadamente causada a uma pessoa que sofre de enfermidade incurável ou muito penosa, para suprir a agonia longa e dolorosa do denominado paciente terminal. O seu sentido ampliou-se e passou a abranger o suicídio, a ajuda a bem morrer, o homicídio piedoso. (CARNEIRO, 1998)

3. Classificação

A eutanásia pode ser Ativa ou Passiva. Na eutanásia ativa, há uma ação realizada por terceiro no sentido de retirar a vida do enfermo. Nesse caso, são utilizados medicamentos controlados, overdoses e injeções letais. Na eutanásia passiva, ocorre a interrupção dos tratamentos até então empregados ao paciente, como ressalta Prado (2008. Pag. 69) :

na omissão de tratamento ou de qualquer meio que contribua para a prolongação da vida humana, irreversivelmente comprometida, acelerando, assim, o desenlace mortal. Trata-se de uma omissão, já que o médico suspende o tratamento, constituindo os aparelhos mantenedores da vida vegetativa uma longa manus da atividade daquele.

Em decorrência das suas peculiaridades, a eutanásia passiva também é denominada ortotanásia, reconhecendo esta como a não intervenção no curso natural da morte.

Outra classificação é com relação ao consentimento da vítima. Nesse caso, a eutanásia pode ser voluntária, involuntária ou não voluntária. A eutanásia voluntária ocorre, quando a morte é provocada atendendo a uma vontade do paciente. Já a eutanásia involuntária ocorre, quando a morte é provocada contra a vontade do paciente. Por fim, a eutanásia não voluntária ocorre quando a morte é provocada sem que o paciente tivesse manifestado sua posição em relação ao assunto.

4. Distinção entre eutanásia, ortotanásia, distanásia, mistanásia e suicídio assistido.

A eutanásia, como já abordado, é a morte dada àquelas pessoas que sofrem de moléstias incuráveis e dolorosas, próximas do fim, para abreviar-lhes o sofrimento, inspirada no sentimento da compaixão e solidariedade humanas.

Ortotanásia significa morte correta, ou seja, a morte que acontece naturalmente. Neste caso o doente já está em processo natural da morte e recebe uma contribuição do médico, para que esse estado siga seu curso natural. Assim, ao invés de se prolongar artificialmente o processo de morte (distanásia), deixa-se que esse se desenvolva naturalmente (ortotanásia). Somente o médico pode realizar a ortotanásia, e ainda não está obrigado a prolongar a vida do paciente contra a vontade deste e muito menos aprazar sua dor.

A ortotanásia é conduta atípica frente ao Código Penal , pois não é causa de morte da pessoa, uma vaez que o processo de morte já está instalado. Dessa forma, diante de dores intensas sofridas pelo paciente terminal, consideradas por este como intoleráveis e inúteis, o médico deve agir para amenizá-las, mesmo que a consequência venha a ser, indiretamente, a morte do paciente. (VIEIRA, 1999, p. 90.)

Chama-se de distanásia o prolongamento artificial do processo de morte, com sofrimento do doente. É uma ocasião um procedimento em que se prolonga a agonia, artificialmente, mesmo que os conhecimentos médicos, no momento, não prevejam possibilidade de cura ou de melhora. É expressão da obstinação terapêutica pelo tratamento e pela tecnologia, sem a devida atenção em relação ao ser humano. Ao invés de se permitir ao paciente uma morte natural, prolonga-se sua agonia, sem que nem o paciente nem a equipe médica tenham reais expectativas de sucesso ou de uma qualidade de vida melhor para o paciente.

Conforme Maria Helena Diniz, "*trata-se do prolongamento exagerado da morte de um paciente terminal ou tratamento inútil. Não visa prolongar a vida, mas sim o processo de morte*"

A mistanásia ou eutanásia social é a morte que ocorre fora de seu tempo de forma miserável atingindo, principalmente, "*à grande massa de doentes e deficientes que não chegam à condição de pacientes", visto que estes não têm acesso efetivo ao sistema de saúde.*" (LOPES, 2011)

A mistanásia constitui-se como a morte miserável, um falecimento antecipado de um indivíduo, o qual resulta da má execução médica ou da maldade e crueldade humanas.

Diferencia-se da ortotanásia, visto que nesta não há o respeito pela morte natural do ser humano, consistindo em um dos tipos mais prejudiciais e inapropriados na caminhada até a morte. Nessa modalidade, analisando como normalmente ocorre no Brasil, não há auxílio ou mediação médica humanitária, muito menos ocorre uma obstinação terapêutica, como acontece na distanásia; há apenas o abandono, negligência, descaso, indiferença e desamparo para com os indivíduos. (MENDONÇA;SILVA, 2014)

O suicídio assistido ocorre quando uma pessoa, que não consegue concretizar sozinha sua intenção de morrer, solicita o auxílio de um outro indivíduo. A assistência ao suicídio de outra pessoa pode ser feita por atos (prescrição de doses altas de medicação e indicação de uso) ou, de forma mais passiva, através de persuasão ou de encorajamento. Em ambas as formas, a pessoa que contribui para a ocorrência da morte da outra compactua com a intenção de morrer através da utilização de um agente causal. O suicídio assistido ganhou notoriedade através do Dr. Jack Kevorkian que, nos Estados Unidos, já o praticou várias vezes em diferentes pontos do país, por solicitação de pacientes de diferentes patologias (GOLDIM, 2013).

5. Eutanásia no direito comparado

Muitos países consideram que, em alguns casos, pode prevalecer o desejo de acabar com o sofrimento do indivíduo. Serão citados alguns deles.

A Bélgica e a Holanda são os únicos países do mundo que permitem expressamente a prática da eutanásia

Holanda

Na Holanda, a legalização da eutanásia e a descriminalização do suicídio assistido foram aprovadas em abril de 2002. Foi o primeiro país a permitir a prática dessas intervenções. Contudo cabe ressaltar que o país europeu impôs uma série de restrições para controlar a prática, cabendo a uma comissão regional de juízes, médicos e sociólogos o exame de cada caso.

Os elementos necessários são, porém, que o paciente possua uma doença diagnosticada como incurável e apresente dores insuportáveis, sem possibilidade de melhora. Além disso, deve declarar essa decisão ainda lúcido, e é necessário o parecer de um segundo médico sobre o assunto. A idade permitida para a realização da intervenção é a partir de 12 anos. Porém, até os 16, ela só pode ser realizada com o aval da família. Depois, o consentimento da família para a realização do procedimento não é necessário.

Bélgica

A legalização na Bélgica ocorreu em maio de 2002, após o parecer favorável do Comitê Consultivo Nacional de Bioética, que até então tratava a prática como ilegal dentro do país.

Ao entrar em vigor, a lei permitia a interrupção da vida em qualquer individuo, mesmo naqueles que não se encontrassem em estado terminal. Os menores de idade eram proibidos de realizar a eutanásia, independentemente da autorização dos pais. Contudo, em 2014, essa lei sofreu uma reformulação e passou a permitir o procedimento em qualquer idade, desde que os responsáveis legais autorizem a operação, e após avaliação do médico responsável e de um psiquiatra infantil.

A nova versão da lei também limitou o procedimento para pacientes em estado terminal. Estes precisam fazer o pedido de maneira voluntária e refletida, desconsiderando as pressões externas.

Por fim, assim como na Holanda, na Bélgica todos os procedimentos são analisados por uma comissão especial e, nos casos de eutanásia infantil, o processo é feito com acompanhamento psiquiátrico.

Suíça

A Suíça não apresenta uma legislação expressa sobre a prática da eutanásia. Porém a corte federal do país reconheceu, por meio de uma interpretação ampla do texto legislativo, o direito dos pacientes de escolher a morte.

O país possui fama pelo procedimento da morte assistida. Consolidou-se nele o chamado turismo da morte: pessoas de diversos países vão até a Suiça para realizar esse procedimento. Isso se deve, sobretudo, à ação de duas empresas locais, a *Dignitas* e a *Exit*, que garantem ao paciente uma morte digna e indolor.

Uruguai

O Uruguai tem grande influência no que diz respeito à eutanásia. Desde 1934, o Código Penal uruguaio (artigo 37) prevê a possibilidade da exoneração de castigo para quem exerce, por piedade, homicídio mediante súplicas reiteradas da vítima, desde que esta possua antecedentes honrosos. Trata-se de uma faculdade concedida aos juízes. Embora não tenha legalizado a prática, o Uruguai foi o primeiro país a tolerá-la, por meio de uma análise de caso concreto.

O suicídio assistido, por sua vez, é criminalizado, como dispõe o artigo 315 do Código Penal, que prevê pena de seis meses a seis anos de penitenciária, podendo chegar a doze anos, nos casos cometidos em menores de dezoito anos, em sujeitos de inteligência ou vontade afetada, por conta de doença mental, uso de álcool e outras drogas. (CHAGAS, 2017)

Colômbia

A análise da eutanásia na Colômbia é curiosa e juridicamente relevante, na medida em que sua "autorização" se deu por decisão final da Corte Constitucional, numa tendência cada vez mais comum de judicialização do assunto.

Na ocasião do julgamento, em maio de 1997, a Corte Constitucional Colombiana decidiu pela isenção de responsabilidade penal daquele que cometesse o chamado homicídio piedoso, desde que houvesse consentimento prévio e inequívoco do paciente em estado terminal.

Sobre o caso, explica Goldim (1998):

> *O magistrado que propôs a discussão, Carlos Gaviria, é ateu e defensor da eutanásia. Ele aceita que o médico pode terminar com a vida de um paciente que esteja em intenso sofrimento. O juiz Jorge Arango propôs que a liberdade é o direito maior, a vida sem liberdade não tem sentido. Outro juiz, Eduardo Cifuentes, propôs que a liberdade e a vida não se opõem. Acrescentou que esta proposta somente poderia ser levada a cabo em pacientes terminais, plenamente informados sobre sua condição de saúde. Os demais juízes – Alexander Martinez, Fabio Moro e Antonio Barrera – acompanharam o voto dos juízes Jorge Arango e Eduardo Cifuentes, de apoio à proposta de Carlos Gaviria. Desta forma, a possibilidade de não ser processado por homicídio, quando for misericordioso, foi aprovada com 6 votos contra.*

A decisão da Corte Constitucional não solucionou a insegurança jurídica, já que o Código Penal Colombiano, em seu artigo 326, ainda prevê como tipo penal a figura do homicídio piedoso, com pena de 6 meses a 3 anos, motivo pelo qual muitos procedimentos de eutanásia ainda são praticados clandestinamente, acarretando riscos aos pacientes.

A tradição católica no país ainda é uma barreira rumo à plena legalização e regulamentação da eutanásia na Colômbia, embora haja uma grande parcela da população que aceite a prática.

Estados Unidos da América

Nos Estados Unidos a decisão sobre a permissão ou proibição da prática da eutanásia é de competência de cada um dos Estados da Federação. De qualquer forma, imprescindível esclarecer que em nenhum dos três Estados a seguir expostos é permitida a eutanásia propriamente dita, mas sim é autorizada a prática do suicídio ou morte assistida, método no qual o próprio paciente ingere medicamentos letais previamente prescritos por médico.

O Estado do Oregon, no ano de 1997, por meio do chamado *"Death with Dignity Act"*, foi o primeiro Estado norte americano a permitir que médicos receitassem medicamentos letais aos pacientes em estado terminal que manifestassem sua intenção de abreviar a morte.

A lei foi aprovada mediante referendo popular e exige que o doente esteja ao menos psicologicamente lúcido, e que sua condição seja diagnosticada por dois médicos; a responsabilidade pela ingestão e administração das doses é do paciente.

Em 2001 a *"Death with Dignity Act"* teve sua legalidade questionada na Suprema Corte dos EUA. Alegava a Procuradoria Geral violação aos limites dos atos médicos permitidos. Na ocasião do julgamento, por 6 votos a favor e 3 contra, a Lei do Oregon foi julgada constitucional, argumentando os juízes vencedores que cabe ao próprio Estado estabelecer limites ao exercício da medicina.

Em 2008, via referendo popular, o Estado de Washington foi o segundo a legalizar a prática da morte assistida nos EUA. Lá se exige que o paciente em estado terminal seja diagnosticado com menos seis meses de vida, deve ser maior de idade e estar consciente da sua escolha.

O terceiro e último Estado norte americano a expressamente autorizar a morte assistida foi Vermont. Entretanto foi o primeiro Estado a legalizar a prática via processo legislativo e não por referendo. A lei estabelece como requisito a necessidade de manifestação favorável de dois médicos, avaliação psicológica, e um período de espera de 17 dias antes da ingestão dos medicamentos.

No caso do Estado de Montana, a morte assistida é autorizada via processo judicial, tendo a Suprema Corte de Montana, em 2009, se manifestado favoravelmente no caso Baxter vs Montana, onde o doente em estado terminal requereu seu direito a uma morte digna e teve seu pedido aceito.

Por fim, importante mencionar que no Estado do Texas a Lei de *"Advance Directives Act"* autoriza, em determinados casos, que médicos e hospitais paralisem os tratamentos, quando estes se mostrarem inadequados ou fúteis, permitindo, assim, a chamada eutanásia passiva. (MOLINARI, 2014)

Luxemburgo

Luxemburgo foi o terceiro país da União Europeia a legalizar a eutanásia. Na data de 18 de dezembro de 2013, o Parlamento luxemburguês aprovou a lei, promulgada pelo chefe de Estado, que permite a prática da eutanásia. Conforme o texto, "não será punido penalmente e não resultará em nenhuma ação civil por danos e perdas o fato de um médico responder a um pedido de eutanásia ou assistência ao suicídio".

Portugal

O Parlamento de Portugal aprovou, no dia 29 de janeiro de 2021, a legalização da eutanásia no país, lei que ainda precisará ser sancionada pelo presidente português, Marcelo Rebelo de Sousa. "É uma lei totalmente plural, que respeita quem escolhe o dia de sua morte com a ajuda de terceiros", afirmou a deputada Isabel Moreira, nascida no Rio de Janeiro e que integra o Partido Socialista (PS). A lei da eutanásia foi aprovada com 136 votos a favor, 78 contra e quatro abstenções. Portugal se tornou o sétimo país do mundo a legalizar a eutanásia, depois de Espanha, Bélgica, Holanda, Luxemburgo, Canadá e Colômbia. O projeto de lei avançou, após um ano de trâmites parlamentares, com o apoio dos grupos de esquerda, a rejeição da direita, e em meio a um tenso debate sobre a idoneidade do momento: a pandemia de covid-19. A lei estabelece que o solicitante da morte assistida deve ser maior de idade, sem problemas mentais e em situação de sofrimento "duradouro e insuportável". Além de ter uma doença ou lesão incurável, a decisão final será analisada por um comitê de especialistas e só poderá ser praticada no Sistema Nacional de Saúde (SNS)

Após as breves explicações acima, percebe-se que esses ordenamentos jurídicos estão preocupados em atender, até certo ponto, a vontade das vítimas doentes, maiores de 18 anos que, devido à complexidade do tratamento e ao sofrimento extremo, possam vir a se encontrar desenganadas; e, ainda, tratando-se de forma livre às situações de ortotanásia, quando as terapias já se mostram inúteis, pelo fato de não haver qualquer possibilidade de melhora, resguardando a autorização da eutanásia. (SILVA, 2018)

Suécia

A eutanásia ativa é crime punido como homicídio, sendo que o consentimento do paciente não o transforma num ato legal. A eutanásia passiva está legalizada desde 2002, e o suicídio assistido é tolerado. No entanto, um médico nunca pode tomar medidas para pôr termo à vida de um doente ou providenciar os meios para o doente cometer suicídio. O papel do corpo clínico deve ser o da diminuição do sofrimento (cuidados paliativos), nunca pôr fim a uma vida.

No quadro jurídico sueco não existem diretivas antecipadas. Porém, se existir uma manifestação de vontade escrita, esta deve ser levada em conta como fator indicativo da vontade do paciente, mas sem caráter vinculativo.

Alemanha

O Código Penal alemão prevê a eutanásia ativa como crime próprio, punindo-o com pena de prisão de seis meses a cinco anos. No entanto, a eutanásia passiva é permitida.

Ao abrigo de uma lei especial, que entrou eu vigor em 1997, é requisito imprescindível para a eutanásia passiva que a decisão esteja em acordo com a vontade expressa do paciente ou, no caso de estar inconsciente, com a sua vontade registrada por escrito.

Itália

A eutanásia ativa é comparada ao homicídio involuntário, mesmo com autorização do paciente. O código penal italiano prevê pena de seis a 15 anos de reclusão. O suicídio assistido também é um delito.

Grécia e Romênia

Proíbem a eutanásia, passível de condenação a sete anos de prisão.

Bósnia e Sérvia

A eutanásia é punida como um homicídio.

Croácia

O novo código penal, que entrou em vigor em janeiro de 2013, proíbe a eutanásia, mas prevê uma sentença relativamente branda.

Polônia

A eutanásia é punível com pena de três meses a cinco anos de prisão, mas, "em casos excepcionais", o juiz pode reduzir a condenação ou renunciar à aplicação da pena.

Irlanda

Qualquer forma de assistência à morte ou ao suicídio assistido é ilegal e passível de 14 anos de prisão.

Na Espanha, França, Reino Unido, Dinamarca, Áustria, Grécia e Lituânia, a eutanásia passiva é permitida, enquanto a eutanásia ativa é punida pelos respectivos Códigos Penais.

6. Eutanásia no Brasil

O ordenamento jurídico brasileiro consagra o direito à vida como o mais fundamental dos direitos, até mesmo conferido pelo Código Penal. Não obstante, a legislação brasileira é tácita em razão do tema. Juristas buscam incluir a eutanásia em tipos penais já existentes; doutrinadores dividem opiniões, considerando como homicídio doloso privilegiado o ato de matar ou até mesmo deixar morrer uma pessoa enferma, por motivo de sofrimento (do doente).

Em conformidade com o art. 121, § 1º do Código Penal Brasileiro em vigor: (1940)

> *Se o agente comete crime impedido por motivo de relevante valor social ou moral, ou sob o domínio de violenta emoção, logo em seguida a injusta provocação da vítima, o juiz pode reduzir a pena de um sexto a um terço".*

O Código Penal Brasileiro não possui nenhuma tipificação criminal positivada que permite tal prática. O que ocorre, de fato, são comparações entre modos como se realiza a eutanásia.

Diante desse quadro, vale ressaltar que, diferente da eutanásia, a ortotanásia não oferece ofensa à vida. Dessa forma, não se fala do homicídio previsto no artigo 121 do Código Penal, e tampouco em omissão de socorros, visto que se lida com paciente em estado irreversível, já havendo ele recebido os cuidados necessários para sua recuperação hipotética, mas sem sucesso. Sequer fere o princípio da dignidade humana, previsto no artigo 1º, III, da Constituição Federal.

Por outro lado, a mistanásia é comparada a uma omissão de socorro ou tratamento, inserida no artigo 135 do Código Penal, em seu parágrafo único, pelo fato de deixar de prestar assistência necessária.

O suicídio assistido, ou o auxílio ao suicídio, também é considerado crime. Ocorre quando alguém ajuda a vítima a se matar, oferecendo-lhe meios idôneos para tal. Assim, um médico, enfermeiro, amigo ou parente, ou qualquer outra pessoa, ao deixar disponível e ao alcance do paciente certa droga em dose capaz de lhe causar a morte, mesmo com a solicitação deste, incorre nas penas do auxílio ao suicídio. A vítima é quem provoca, por atos seus, sua própria morte. Se o ato que visa à morte é realizado por outrem, este responde por homicídio, não por auxílio ao suicídio. A solicitação ou o consentimento do ofendido não afastam a ilicitude da conduta.

7. Posições favoráveis e contrárias à eutanásia

7.1. Favoráveis

Os que aderem à corrente favorável à propositura da prática de Eutanásia defendem o seguinte: na medicina existem quadros irreversíveis, em que o sofrimento ocasionado por dores insuportáveis faz com que o paciente almeje a antecipação da morte, como forma de livrar-se do padecimento, em que se torna o viver. Essa antecipação da morte não só atenderia aos interesses do paciente de morrer com dignidade, como daria efetividade ao princípio da autodeterminação da pessoa em decidir sobre sua própria morte.

As correntes defensoras da prática de Eutanásia dividem-se em dois grupos: Radicais e Moderados.

Os radicais defendem a eutanásia alegando que toda a vida gravemente tolhida em suas manifestações por padecimento físico ou moral carece de valor; nessa hipótese, pode representar gravame injusto para a família e para a sociedade, por exemplo, ocupar leitos hospitalares. Se a situação é irreversível, não há porque lutar contra, uma vez que as próprias forças da ciência se revelam impotentes. O interessado tem direito à morte condigna.

Para os moderados, o procedimento da eutanásia deve levar em conta o consentimento do interessado ou de membro da família; contar com a certeza da proximidade e inevitabilidade da morte atestada por profissional habilitado.

Defendem, também, que todo ser humano tem o direito de viver em dignidade. Dessa forma, por que negar-lhe, de modo reacionário, o poder de decidir sobre sua morte com dignidade, e que seja auxiliado nessa escolha? Por que o Direito impede o exercício de um direito?

Não há dúvida de que a Eutanásia pode cessar o sofrimento físico e emocional do paciente, assim como de seus familiares; cada um é dono de si mesmo. Se o suicídio é um direito do titular da vida, como negar-lhe o mesmo, quando não mais lhe convém viver, quando ele mesmo renuncia, abdica, desse direito.

Não pode a lei interferir na decisão, pois o paciente terminal, embora mantido vivo, artificialmente, por meio de sofisticados aparelhos, já não possui mais condições de interagir ou atuar em situações singelas do cotidiano. "Retirar do ser humano sua dignidade, em nome de um direito absoluto, não é muito diferente do que sentenciá-lo à própria morte, em vida" (CARLIN, 1998, p. 143).

O direito à vida deve ser entendido da forma mais ampla possível, compreendendo, essencialmente e indissociavelmente, a Dignidade da Pessoa

Humana que, em certos casos, se orienta para acatar a morte como única opção.

Pela visão dos favoráveis à Eutanásia, há o seguinte questionamento: de que adianta um viver sem vida ? Um paciente em estado terminal, com constantes abalos físicos e psicológicos, não tem o porquê de continuar com esse sofrimento. Entendem que a vida, mesmo sendo um bem indisponível, não pode ser, ao mesmo tempo, um bem impositivo.

A Constituição Federal prima pela Dignidade da Pessoa Humana, e essa é defendida para que o Homem a tenha por toda a vida, inclusive em seu término. De que adianta viver com dignidade, se, ao final, perder-se-á a mesma? E, a propósito, os defensores da eutanásia, entendem que viver é um direito e não uma obrigação. (COELHO, 2001)

Marcio Sampaio Mesquita Martins discorre sobre a eutanásia: (2010)

> *A morte digna elimina a dimensão material-normativa do tipo (tipicidade material), pois a morte, neste caso, não é desarrazoada ou reprovável. Não existe, como dito, resultado jurídico negativo. O bem jurídico vida é ponderado em face de outros valores constitucionais igualmente básicos, tais como a dignidade da pessoa humana (art. 1º, III, da Constituição), a liberdade e a autodeterminação (art. 5º). É certo que o próprio artigo 5º da Constituição assegura a inviolabilidade da vida, mas não existem direitos absolutos. A própria Convenção Americana dos Direitos Humanos (Pacto de San José da Costa Rica) diz que: ninguém pode ser privado da vida "arbitrariamente" (art. 4º). O que se quer dizer é que a morte deve ser punida se for arbitrária, abusiva, desarrazoada. Quando há interesse relevante em jogo, que torna razoável a lesão ao bem jurídico vida, não há que se falar em resultado jurídico negativo. Ao contrário, trata-se de resultado aceitável.*

Evandro Correia de Menezes, favorável à eutanásia, diz que "*não nos basta o perdão judicial: queremos que a lei declare expressamente a admissão da eutanásia, que não seria um crime, mas, pelo contrário, um dever da humanidade*" (1977, p. 118). Ainda nesse pensamento favorável, ensina Menezes (1977, p. 128-9):

> *A dor humana deve ser suportada, estoicamente, até um certo limite e quando ainda restar um leve raio de luz, que seja, da esperança e valer a pena ser combatida. Mas quando a morte já se avizinha e domina, vitoriosamente, o campo da batalha, e as forças de resistência começam a fraquejar, inevitavelmente, para que prolongar-se sem utilidade, mais, o suplício, quando as tenazes ferozes apertam as suas vítimas, que não podem conter seus gritos ou uivos de extremo desespero?...*

> *É aí que deve apresentar-se como o anjo salvador, a mão caridosa da medicina, prescrevendo o remédio sublime que fulmina a dor, proporcionando, como a sua última cura, a morte, suavemente, docemente, felizmente.*

Muitos falam do direito a uma morte digna como um desdobramento da dignidade da pessoa humana. O direito de morrer de forma digna tem como fundamento a manutenção da dignidade humana; uma vez que a vida já não proporciona tal dignidade, se tornaria possível a prática da eutanásia.

7.2. Desfavoráveis

Os contrários à prática da Eutanásia sustentam que é dever do Estado preservar, a todo custo, a vida humana, que é bem jurídico supremo:

João Paulo Nisrallah Saab afirma que: (2015)

> *São inúmeros os argumentos contra a prática da eutanásia, os mais discutidos são:*
>
> *a) existem tratamentos paliativos para alívio do sofrimento e da dor humana;*
>
> *b) uma vez legalizada a eutanásia, poderia ocorrer uma forma abusiva de sua prática;*
>
> *c) possibilidade de erro médico, o que levaria a mortes desnecessárias;*
>
> *d) iria contra o juramento que o médico faz de não provocar danos no paciente;*
>
> *e) a evolução constante da medicina;*
>
> *f) os herdeiros do enfermo poderiam incentivar, com interesses financeiros, a prática da eutanásia;*
>
> *g) enormes problemas com as diversas religiões que são contrárias à eutanásia.*

Negando a prática da Eutanásia, alguns religiosos expressam que: " *A dor e o sofrimento muitas vezes, são o caminho que aproximam o homem do seu criador. Já perto de deixar esse 'tabernáculo de miséria', é o momento oportuno quando o sofredor se redime, salva-se para a vida eterna*"(ALVES, 1999, p.15).

Lamentavelmente, ao longo das pesquisas efetuadas para a realização do presente trabalho, deparamo-nos com algumas posições, pode-se dizer, extremistas e radicais acerca do tema.

Um renomado jurista chega a declarar que o que realmente leva à prática da eutanásia não é piedade ou compaixão, mas sim o propósito mórbido e egoístico de poupar-se ao pungente drama da dor alheia. Somente os indivíduos sujeitos a estados de extrema angústia são capazes do golpe fatal eutanásico, pois o alívio que se busca não é o do enfermo, mas sim o próprio; este ficará livre do fardo que se encontra obrigado a carregar.

Segundo ele, isso se aplica aos familiares, amigos, médicos, advogados, sociólogos, enfim, a todos aqueles que já pensaram ou defenderam a prática desse crime hediondo, que iguala o homem moderno a seus antepassados bárbaros e primitivos.

8. Casos de eutanásia pelo mundo

Recentemente, uma defensora do direito à eutanásia na Bélgica morreu. A atleta paraolímpica belga Marieke Vervoort, que conquistou quatro medalhas – ouro e prata nos 100 e 200 metros em cadeiras de rodas, nos Jogos de Londres 2012, e 100 e 400 metros na Rio 2016 – lutou desde seus 20 anos contra uma doença degenerativa incurável na coluna vertebral.

Há poucos meses, aos 40 anos, a medalhista deu fim à própria vida por meio de eutanásia. A história de Marieke Vervoort, também campeã mundial de paratriatlo, ultrapassou as fronteiras da Bélgica. Em 2008, ela assinou documentos necessários para que ela mesma pudesse decidir a hora de sua partida.

Defensora do direito à eutanásia, a campeã paraolímpica sentia dores insuportáveis e consumia enormes quantidades de morfina e outros remédios. "A qualquer momento posso pegar meus papéis e dizer 'chega! quero morrer'. Isso me dá tranquilidade quando sinto muita dor. Não quero viver como um vegetal", declarou ao jornal espanhol El País, antes de competir na Rio 2016. (FONSECA-SOURANDER, 2019)

Na Áustria, em 1989, quatro enfermeiras do hospital Lainz, em Viena, confessaram ter morto, desde 1983, 49 pessoas, através da administração de doses elevadas de insulina e do uso da força. Os **Anjos da Morte**, como ficaram conhecidas, admitiram que "queriam livrar-se dos doentes mais maçadores e que lhes davam mais trabalho".

Nos Estados Unidos, em 1990, um ano depois, o Dr. Jack Kerorkian, conhecido como "doutor morte", ajudou uma mulher, vítima da doença de Alzheimer, a cometer suicídio, fato que chocou profundamente a comunidade médica.

Ainda, o Inglês Nigel Nelson confessou às autoridades que, em 1993, pôs termo à vida da filha de um mês e meio. Para tal, bastou-lhe aumentar a dose do analgésico que aliviava as dores da criança. Disse não aguentar ver a filha cega e surda a sofrer daquela maneira, sem poder mover voluntariamente nenhuma parte do corpo, e sofrendo de um problema intestinal que não a deixava comer ou engolir alimentos. Segundo os médicos, a pequena Naomi (a filha de Nigel Nelson) acabaria por morrer naturalmente, não se sabendo quanto tempo demoraria até que isso acontecesse. (PEREIRA, 2013)

9. A religião e a prática da eutanásia

A maioria das religiões posicionam-se contra a prática da eutanásia, tendo em vista que esta se dá na forma de interromper a vida de uma pessoa, o que vai contra os ensinamentos e as crenças provindos de Deus. Praticar a eutanásia, na concepção divina, seria o mesmo que realizar homicídio, pois, apesar da justificativa da dor e do sofrimento, o ato é de uma pessoa violando a vida de outra.

A igreja católica apresenta-se contra a prática da eutanásia, tendo como princípios básicos a serem seguidos os Dez mandamentos. Nestes é citado "não matarás". Não importa qual seja o motivo, pois, para a religião, Deus não aceita que um Homem "derrame o sangue" de seu semelhante. Além da fé em Deus a favor da cura e do milagre, defende que os médicos devem praticar o bem a favor do enfermo, lhe provendo de condições dignas de viver, mesmo que sejam seus últimos dias (PESSINI, 2002).

Ao longo da história, a Igreja católica vem se pronunciando contra a eutanásia. Isso é visto por meio dos mandamentos e regimentos católicos, e também pelas declarações feitas por Papas, como a do Papa Pio XII, apresentada por Pessini (2002, p. 84):

> *Toda forma de eutanásia direta, isto é, a administração de narcóticos para provocarem ou causarem a morte, é ilícita porque se pretende dispor diretamente da vida. Um dos princípios fundamentais da moral natural e cristã é que o homem não é senhor e proprietário, mas apenas usufrutuário de disposição direta que visa à abreviação da vida como fim e como meio. Nas hipóteses que vou considerar, trata-se unicamente de evitar ao paciente dores insuportáveis, por exemplo, no caso de câncer inoperável ou doenças semelhantes. Se entre o narcótico e a abreviação da vida não existe nenhum nexo causal direto, e se ao contrário a administração de narcóticos ocasiona dois efeitos distintos: de um lado aliviando as dores e de outro abreviando a vida, serão lícitos. Precisamos, porém, verificar se entre os dois efeitos há uma proporção razoável, e se as vantagens de um compensam as desvantagens*

> *do outro. Precisamos, também, primeiramente verificar se o estado atual da ciência não permite obter o mesmo resultado com o uso de outros meios, não podendo ultrapassar, no uso dos narcóticos, os limites do que for estritamente necessário. (Papa Pio XII, em 1956).*

O que a igreja considera uma prática ilícita é a interrupção direta da vida : matar uma pessoa seja pela forma que for. Assim, tem-se na eutanásia a interrupção da vida de forma premeditada e planejada e, mesmo que por consentimento do indivíduo, o ato da morte será administrado por um terceiro. Por outro lado, a Igreja reconhece que nenhuma pessoa é obrigada a participar de tratamentos que prolonguem ou mantenham a vida, caso isso seja contrário à sua vontade (PESSINI, 2002).

Porém, de acordo com a Declaração Sobre a Eutanásia da Sagrada Congregação para a Doutrina da Fé, do ano de 1980:

> *Não se pode impor a ninguém a obrigação de recorrer a uma técnica que, embora já em uso, ainda não está isenta de perigos ou é demasiadamente onerosa. Na iminência de uma morte inevitável, apesar dos meios usados, é lícito de forma consciente tomar a decisão de renunciar ao tratamento que daria somente um prolongamento precário e penoso à vida, sem, contudo, interromper os cuidados normais devidos ao doente em casos semelhantes.*

Em suma, tem-se que, para a religião católica, nenhuma pessoa é obrigada a prolongar a sua vida em condições nas quais a morte é um fator eminente e prescrito. Esse ato, porém , não deve ser tomado de forma direta, ou seja, que o indivíduo decida praticar da eutanásia, pois assim estaria envolvendo um terceiro no processo de sua morte e, ainda, interferindo na Lei natural de Deus (PESSINI, 2002).

Com relação ao Budismo, prega-se que as pessoas são compostas de cinco aspectos que, juntos, dão forma à personalidade humana, sendo esses: as suas vontades, atividades corporais, percepções, sensações e a consciência. Assim, a pessoa tem o direito de praticar suas vontades, principalmente nos casos em que algum elemento passa a interferir em sua condição corporal ou em sua consciência, podendo o indivíduo expressar a vontade de cessar a sua vida, sendo aceitas as práticas da eutanásia. Para a religião, tem-se ainda a validade da eutanásia junto a pessoas em estado vegetativo, pois considera-se que estas perderam seu poder da vontade e da consciência, além de suas atividades corporais

No islamismo a eutanásia também é considerada ilícita, mesmo que haja a presença de dor e agonia por parte do enfermo. Entendem que o papel do médico é o de manter o paciente vivo e não intervir no processo da morte, pois esta não é um castigo e sim um translado para outra vida, sendo que "*...não se deve degradar ou tratar com desprezo o corpo da pessoa morta. Deve-se lavar o defunto, envolvê-lo em pano próprio e, após uma oração especial, enterrá-lo*" (PESSINI, 1999, p. 323). Entendem, ainda, que a vida é de Deus, dada por ele e tirada por ele, sem que nisso possa ocorrer qualquer interferência, pois a morte é a conclusão de uma vida e começo de outra.

Cabe observar que diante dessa postura, quanto ao paciente que se encontre em estado vegetativo ou em qualquer outro estado que o impeça de viver a plenitude da vida, o médico não tem direito, no caso concreto, de utilizar qualquer procedimento que impeça o processo de instalação da morte, ocasionando, pela fé islâmica, o começo de uma nova vida. A visão islâmica quanto à morte é vista como obediência à vontade de Deus, limitando de forma definitiva e drástica a autonomia da ação humana para a manutenção, ou não da vida.

Para o judaísmo, a vida é uma dádiva de Deus, sendo considerada um bem maior que não pode ser violado. Os judeus veem um valor inestimável no que chamam de "Dom da vida", e para eles não importa se ela for dotada de muitos anos ou de algumas horas; estes a têm como algo divino e que pertence a Deus. Assim, no judaísmo não são aceitos quaisquer tipos de "atentados" à vida, o que inclui a eutanásia. Os médicos são vistos como servos de Deus que detém o Dom da cura e dos cuidados, mas limitam-se a isso, não lhes sendo cabível a decisão de interromper uma vida. Os judeus ainda observam a vida e a morte não apenas como um fator fisiológico relacionado apenas ao corpo; para eles, o momento do nascimento e o da morte de forma natural, mesmo que por doenças, estão ligados ao espírito do ser humano. Há ainda uma distinção entre prolongamento da vida e do sofrimento, ou seja, assim como no catolicismo, os judeus creem que uma pessoa tem o direito de não prolongar sua vida em agonia, sendo válido que o médico suspenda os tratamentos, caso haja vontade por parte do enfermo, mas nunca através de uma intervenção a fim de causar uma morte direta (AZRIA, 2000).

10. Eutanásia e ortotanásia à luz do projeto de lei nº 236/2012 do Senado Federal

O projeto de lei nº 236/12 foi elaborado e apresentado ao Senado Federal em 7 de julho do ano de 2012, com a finalidade de instituir um novo Código Penal Brasileiro, diante das grandes mudanças ocorridas na sociedade.

Ele apresenta novidades, como o caso da tipificação da eutanásia como nova espécie de crime, sendo instituída no artigo 122 do Projeto de Lei do Novo Código Penal, recebendo, "*in verbis*", a seguinte redação: "*Matar, por piedade ou compaixão, paciente em estado terminal, imputável e maior, a seu pedido, para abreviar-lhe sofrimento físico insuportável em razão de doença grave*: Pena – prisão de dois a quatro anos."

Esse projeto traz a imputação de crime àquele indivíduo que, por piedade ou compaixão, põe fim à vida do paciente a seu próprio pedido, sendo este imputável e maior, em estado terminal, a fim de lhe reduzir sofrimento físico em razão de doença grave.

A intenção com o possível novo dispositivo legal seria a proteção à vida do indivíduo que, mesmo através de seu pedido, não poderia ter o bem jurídico mais precioso interrompido de maneira não natural, ainda que a doença seja incurável e lhe provoque sofrimento.

Além do caput do artigo em análise, há no projeto a presença do parágrafo primeiro do artigo 122, que apresenta nada menos que o instituto do perdão judicial. Esse pode ser entendido como uma remissão que o Estado concede expressamente a determinados crimes, desde que preenchidos os pressupostos objetivos e subjetivos que lhes cercam, como pode ser visto "*in verbis*", na proposta do novo código: "§1º *O juiz deixará deaplicar a pena avaliando as circunstâncias do caso, bem como a relação de parentesco ou estreitos laços de afeição do agente com a vítima*".

Nota-se que o aludido parágrafo permitiria que o juiz deixasse de impor a pena ao indivíduo que cometesse o crime de eutanásia em razão da análise de características e individualidades de cada caso concreto; levando em consideração, ainda, vínculos afetivos ou de parentesco entre o agente e a vítima, relativizando, assim, a aplicabilidade da imputação do crime de eutanásia.

O mencionado Projeto de Lei inclui, ainda, no parágrafo segundo, do artigo 122, uma excludente de ilicitude, assim descrita "in verbis": "*§ 2º Não há crime quando o agente deixa de fazer uso de meios artificiais para manter a vida do paciente em caso de doença grave irreversível, e desde que essa circunstância esteja previamente atestada por dois médicos e haja consentimento do paciente, ou, na sua impossibilidade, de ascendente, descendente, cônjuge, companheiro ou irmão*".

Evidencia-se, pelo texto apresentado no aduzido parágrafo, que tal excludente de ilicitude, assim intitulada, desdobra-se do que pode ser considerado um conceito de eutanásia passiva, ou ainda, e mais plausível, ortotanásia, uma vez que tem como objetivo descriminalizar a conduta omissiva do agente que se exime de praticar uso de maneiras artificiais, para manutenção da vida do paciente com doença grave irreversível. (NASCIMENTO, 2019)

Conclusões

Não há dúvida de que a eutanásia acompanha a humanidade ao longo dos séculos e ainda causa muita polêmica em toda a sociedade.

No decorrer deste trabalho, buscamos apontar posicionamentos favoráveis e contrários à sua prática. Toda opinião deve ser respeitada, mas algumas devem ser analisadas com cautela.

A eutanásia, em hipótese alguma, deve ser considerada um crime, quando praticada por piedade e compaixão; esse ato é uma forma de demonstrar respeito pelo direito de morrer com dignidade daquele que se encontra em estado incurável.

Repudiar a eutanásia, da forma como alguns juristas repudiam, a ponto de afirmar que se trata de uma atitude egoísta, na qual se visa aliviar o próprio sofrimento e se livrar de um fardo, é inaceitável. É fácil ser contrário, quando se é saudável e nunca se passou na própria família por uma situação de doença grave, de intenso sofrimento e terminal.

Não cabe à Constituição nem ao Estado dispor do que seja melhor para um paciente que esteja em estado terminal e irreversível. O nosso direito é baseado em princípios? Então, devemos respeitar a dignidade humana e, principalmente, o direito a uma morte digna.

Toda pessoa deve ter a livre autonomia de vontade no fim de sua vida. Não há como deixar de reconhecer a cada um o direito de decidir sobre sua própria vida e morte. O direito à vida é inquestionável, mas não existe obrigação de se viver sob quaisquer condições.

REFERÊNCIAS

ALVES, Leo da Silva. **Eutanásia**. Revista Consulex, São Paulo, nº 29, p. 12-17.

AZRIA, Régine. **O judaísmo**. São Paulo: EDUSC, 2000.

ASÚA, Luis Jiménez de. **Liberdade de Amar e Direito a morrer.** Belo Horizonte: Mandamentos, 2003.

BRAIAN, Artur. Da questão da Eutanásia à luz da Bioética: Uma perspectiva tendo em vista as dimensões morais das ciências da vida e atenção à saúde. **Disponível em:** https://arturbraian.jusbrasil.com.br/artigos/245692784/da-questao-da-eutanasia-a-luz-da- bioetica. Acesso em: 07/01/2020

CARLIN, Volnei Ivo.**(Org.), Ética e bioética:novo direito e ciências médicas.** Florianópolis: Terceiro Milênio, 1998. 176 p.

CARNEIRO, Antônio Soares. **Eutanásia e distanásia.** A problemática da bioética: uma abordagem filosófica. 1998. Disponível em: www.jus.com.br/doutrina/eutanasia.html. Acesso em: 08/01/2020

CHAGAS, Ilana. **Eutanásia em cinco pontos.** Disponível em: https://www.politize.com.br/eutanasia-o-que-e/ Acesso em: 08/01/2020

COELHO, Milton Schimtt. **Eutanásia uma análise a partir de princípios éticos e constitucionais.** Disponível em: https://jus.com.br/artigos/2412/eutanasia/8 Acesso em: 09/01/2020

DINIZ, Maria Helena. **O estado atual do biodireito.** São Paulo: Saraiva, 2001

FLEMING, William**. A Eutanásia no Direito Brasileiro** – Análise da Eutanásia como Infração Penal. Disponível em: https://williamfleming.jusbrasil.com.br/artigos/550959293/a-eutanasia-no-direito- brasileiro-analise-da-eutanasia-como-infracao-penal. Disponível em: 08/01/2020

GIMENES, Antonio Canteiro. **Momento Final in Dilemas Acerca da Vida Humana – Interfaces entre a Bioética e o Biodireito**. São Paulo. Atheneu. 2015.

GOLDIM, José Roberto. **Breve Histórico da Eutanásia.** Disponível em: https://www.ufrgs.br/bioetica/euthist.htm. Acesso em: 07/01/2020

— **Eutanásia – Colômbia**. UFRGS. Rio Grande do Sul. 1998. Disponível em: http://www.bioetica.ufrgs.br/eutacol.htm. Acesso em 08/01/2020.

GUIMARÃES, Marcello Ovidio Lopes. **Eutanásia: Novas Considerações Penais**. Leme: J.H. Mizuno, 2011.

LOPES, Cecília Regina Alves. **EUTANÁSIA: A última viagem**. **Revista da Faculdade de Direito da UERJ**, v.1, n. 19, p. 1-26. jun./ dez. 2011, p. 10. Disponível em: http://www.e-publicacoes.uerj.br/index.php/rfduerj/article/view/1720/1363. Acesso em: 08/01/2020.

MARTINS, Marcio Sampaio Mesquita. **Direito à morte digna: Eutanásia e morte assistida**. Disponível em: http://www.ambito-juridico.com.br/site/index.php?n_link=revista_artigos_leitura&artigo_id=8765 Acesso em: 08/01/2020.

MENDONÇA, Márcia Helena; SILVA, Marco Antonio Monteiro da. **Vida, Dignidade e Morte**: Cidadania e Mistanásia. v.9, n.6, Edição Extra. 2014, p. 176.

MENEZES, Evandro Correia de. **Direito de Matar.** 2. ed. Rio de Janeiro: Freitas Bastos, 1977.

MOLINARI, Mario. **Eutanásia: análise dos países que permitem.** Disponível em: https://mariomolinari.jusbrasil.com.br/artigos/116714018/eutanasia-analise-dos-paises- que-permitem Acesso em: 08/01/2020

NASCIMENTO, Samir. **Eutanásia: aspectos jurídico-penais e desdobramentos no Projeto de Lei 236/12 do Senado Federal.** Disponível em: https://jus.com.br/artigos/75524/eutanasia-aspectos-juridico-penais-e-desdobramentos-no- projeto-de-lei-236-12-do-senado-federal Acesso em: 13/01/2020

PEREIRA, Kris Kristoferson. **Eutanásia: direito de morrer.** Disponível em: https://www.direitonet.com.br/artigos/exibir/7770/Eutanasia-direito-de-morrer Acesso em: 09/01/2020

PESSINI, Leo. **A eutanásia na visão das maiores religiões (budismo, islamismo, judaísmo e cristianismo)**. In: Barchifontaine CP, Pessini L (orgs.). Bioética: alguns desafios. 2ª ed. São Paulo: Edições Loyola; 2002. p.261-82.

— **Eutanásia. Porque abreviar a vida?** São Paulo: Loyola, 2004.

— **O mundo da saúde. Bioética**. São Paulo: v. 23, n.5, p317-330, set./out. 1999.

PRADO, Luiz Regis. **Curso de Direito Penal Brasileiro: Parte Especial**– arts. 121 a 249. V. 2. 7. Ed. São Paulo: Revista dos Tribunais.

SILVA, Gabriela Barbosa da. **Eutanásia e o direito de escolha.** Disponível em: https://jus.com.br/artigos/63964/eutanasia-e-o-direito-de-escolha Acesso em: 08/01/2020

SOURANDER, Leticia Fonseca. **Proposta de eutanásia para quem "está cansado de viver" cria polêmica na Bélgica.** Disponível em: http://www.rfi.fr/br/europa/20191114-linha-direta-lei-de-eutanasia-na-belgica-e-mais- avancada-do-mundo Acesso em: 09/01/2019

VIEIRA, Tereza Rodrigues. **Bioética e direito**. São Paulo: Jurídica Brasileira, 1999, p. 90.

6.
CYBERBULLYING: VIOLÊNCIA VIRTUAL COM EFEITOS REAIS

Introdução

Com o propósito de aproximar e conectar as pessoas através da *internet*, as redes sociais ganharam espaço na vida da população e estão cada vez mais presentes em nosso cotidiano. Não há como negar a existência de todas as vantagens que elas trouxeram a todos os seus usuários, entre elas, a possibilidade de comunicações instantâneas, possibilidade de conversar com pessoas distantes, uma rapidez inigualável na troca de informações, fazer novos amigos.

Contudo esse avanço tecnológico também trouxe grandes aspectos negativos aos seus usuários. Muitos têm em mente que a *internet* é, de fato, um território livre, sem leis, onde tudo é possível, podendo causar graves problemas às relações interpessoais.

Em pesquisa realizada em 2010, promovida pelo Ibope (Instituto Brasileiro de Opinião Pública e Estatística), em parceria com a *Worldwide Independent Network ok Market Research* (WIN), o Brasil figurou entre os dez países que mais acessam redes sociais, mostrando que essas redes ganharam expressiva dimensão. (RIBEIRO, 2013, p.40)

Um levantamento realizado pelo Instituto de Pesquisa (Ipsos) revelou que o Brasil é o 2º país com mais casos de *cyberbullying* contra crianças e adolescentes. Este consiste em assediar ou humilhar alguém através de redes sociais, *e-mail*, *chat* ou celular, de maneira reiterada e delongada no tempo. Embora o *cyberbullying* não consista em agressões físicas, ele é tão ou mais danoso quanto o *bullying* físico. É comum o assunto aparecer na mídia, na maior parte das vezes, infelizmente, relacionado a casos de suicídio motivado pela sua prática.

Frente a esse grave cenário, buscou-se, no presente artigo, mediante pesquisas doutrinárias, apresentar o conceito, as características do *cyberbullying*, suas diferenças e semelhanças com o fenômeno *bullying*, e as possíveis consequências psicológicas e jurídicas que podem afetar não só as vítimas, mas também todos os protagonistas desse tipo de agressão.

Não há pretensão alguma de se esgotar o tema, pois ele ainda carece de muitos estudos por parte dos profissionais do direito e da psicologia. Pretende-se, apenas, levar os leitores a uma profunda reflexão a esse respeito, que possa, porventura, acarretar em novas ideias para evitá-lo e também combatê-lo.

1. *Bullying*

Em inglês *bullying* é um substantivo derivado do verbo *bully*, que significa "machucar ou ameaçar alguém mais fraco para forçá-lo a fazer algo que não quer".

De acordo com a Lei 13.185/2015, o *bullying* (intimidação sistemática) refere-se a todo ato de violência física ou psicológica, intencional e repetitivo. Ocorre sem motivação evidente, praticado por indivíduo ou grupo contra uma ou mais pessoas, com o objetivo de intimidá-las ou agredi-las, causando dor e angústia à vítima, em uma relação de desequilíbrio de poder entre as partes envolvidas.

Para Maria Ester Barbosa: (2015)

> *O bullying costuma ser praticado por pessoas de ambos os sexos, por meio de agressões físicas e/ou morais, assédios e ações desrespeitosas, de maneira intencional e recorrente por iniciativa dos agressores, sem, na maioria das vezes, apresentarem razões plausíveis ou justificáveis para tanto. Assim, os mais fortes fazem dos mais frágeis meros objetos de diversão, prazer e poder, com a finalidade de intimidar, maltratar, amedrontar e humilhar suas vítimas, as quais, consequentemente, suportam grande dor e sofrimento, o que pode trazer sérios distúrbios psicológicos e traumas, que carregarão consigo por longo tempo, senão por toda a vida.*

Comumente associa-se *bullying* a crianças e adolescentes em ambientes escolares. Todavia, o *bullying* vai muito além disso. Há inúmeras outras formas de praticá-lo, não menos agressivas e também passíveis de punição. No trabalho, na relação conjugal, nos esportes, há grande incidência de práticas de intimidação, desmerecimento, degradação moral e psíquica. (Finco, 2013)

De acordo com a psicóloga Claudia Faria: (2019)

O bullying pode ser praticado de diversas formas, seja por xingamentos, agressões ou isolamento e, assim, pode ser classificado em alguns tipos principais:

- ***Bullying físico**, que é caracterizado por violência física, ou seja, nesse tipo de bullying a vítima leva chutes, socos, pontapés ou tem a passagem bloqueada pelo simples fato de usar óculos, aparelho ou estar um pouco acima do peso, por exemplo. Esse tipo de bullying é comum, mas passa muitas vezes despercebido pois pode ser interpretado como brincadeira de amigos, por exemplo;*
- ***Bullying psicológico**, em que a vítima sofre constantemente intimidações ou chantagens, além de ser frequentemente vítima de calúnias e boatos, além de perseguições no que diz respeito à orientação sexual, religião ou peso. O bullying psicológico pode levar à depressão e fobia social, por exemplo;*
- ***Bullying verbal**, que é o tipo mais comum de bullying praticado nas escolas e que começa com um apelido maldoso, normalmente relacionado com alguma característica da pessoa. Além dos apelidos, esse tipo de bullying é caracterizado por xingamentos e humilhações constantes, o que pode fazer com que aquela criança que sofreu bullying verbal cresça sem acreditar nas suas competências e tenham medo de se relacionar com outras pessoas;*
- ***Bullying social**, em que a pessoa é constantemente isolada das atividades e do convívio diário.*
- ***Bullying virtual**, também conhecido como **cyberbullying**, é caracterizado por ataques verbais e psicológicos pelas redes sociais. Nesse tipo de bullying a internet é a maior aliada, sendo a principal ferramenta de disseminação de fotos, vídeos ou comentários maldosos sobre a pessoa, deixando-a constrangida.*

A utilização dos recursos da informática no cotidiano dos lares e das empresas e a utilização da *Internet* como um dos principais meios de comunicação determinou a formação de uma nova sociedade, na qual o poder da informação passou a desempenhar um papel fundamental para qualquer indivíduo e afetou a vida de milhões de pessoas.

2. *Cyberbullying*

O *Cyberbullying* é, sem sombra de dúvidas, um dos males concernentes à sociedade da informação. A terminologia é utilizada em sua versão na língua inglesa pelo fato de que tal idioma predomina no mundo da informática. Entretanto, no português, adota-se a expressão "assédio virtual".

Cyberbullying é uma prática que envolve o uso de tecnologias de informação e comunicação para dar apoio a comportamentos deliberados, repetidos e, principalmente, hostis, praticados por um indivíduo ou grupo com a intenção de prejudicar outra(s) pessoa(s). Consiste no ato de, intencionalmente, uma criança, adolescente ou mesmo um adulto, fazendo uso das novas tecnologias da informação, denegrir, ameaçar, humilhar ou executar qualquer outro ato mal-intencionado, dirigido a outra criança ou adolescente. (MASSAROLLO, 2011)

Muitos doutrinadores consideram o *cyberbullying* uma versão mais violenta do *bullying.*

Anderson Schreiber explica bem esse ponto: (2018)

> *Em primeiro lugar, no cyberbullying, o agressor pode, pelo uso do computador ou outro meio tecnológico, atuar anonimamente. Enquanto no bullying tradicional a vítima identifica seus ofensores claramente, no cyberbullying muitas vezes afigura-se difícil identificá-los porque se valem de apelidos, nicknames, nomes falsos, perfis falsos e assim por diante. Tudo isso dificulta reações contra a intimidação sistemática sofrida. Além disso, o cyberbullying mostra-se mais perigoso que o bullying porque é indelével. Enquanto o bullying tradicional pode ser uma experiência traumática vivida no passado da infância ou adolescência, o cyberbullying mostra-se permanente no sentido de que pode ser "ressuscitado" a qualquer momento, bastando que alguém do seu convívio atual encontre os registros do cyberbullying na internet. Isso também faz com que o cyberbullying não tenha fronteiras espaciais, podendo ser acessado e revivido em qualquer local. É como se a vítima não pudesse nem sequer fugir dos seus agressores porque eles estão em todo lugar em que houver conexão à internet. Por isso mesmo, ao contrário do bullying tradicional que se mantém contido nos limites físicos de uma escola ou vizinhança, tendo um número limitado de expectadores, o cyberbullying pode atingir um número potencialmente infinito de expectadores – o que se afigura gravíssimo, na medida em que se sabe que o constrangimento decorrente da intimidação sistemática é tanto maior quanto maior o número de pessoas que testemunham a prática.*

A Lei 13.185/2015 trata do tema no parágrafo único do seu artigo 2º, afirmando que "*há intimidação sistemática na rede mundial de computadores (cyberbullying), quando se usarem os instrumentos que lhe são próprios para depreciar, incitar a violência, adulterar fotos e dados pessoais com o intuito de criar meios de constrangimento psicossocial.*"

Aloma Felizardo faz as seguintes distinções entre o *cyberbullying* e o *bullying* tradicional:(2013, p. 61-62)

> a. *Anonimato: Não é possível determinar, no início, quem é o sujeito agressor. A criação de páginas pessoais nas redes sociais (profiles) não dá certeza de quem esteja por trás da comunicação enviada. Muitas vezes, esses perfis são falsos, o que impede a identificação imediata do dono. Um passo para tentar encontra-lo está na detecção do número de IP do computador do qual partiu a mensagem; contudo, esse processo é demorado e, nesse intervalo de tempo, o desgaste emocional pelo qual a vítima passa, no desconhecimento de seu oponente, aumenta grandemente os danos sofridos.*
>
> *b. Acessibilidade: O meio digital é acessível 24 horas por dia, então os acintes e humilhações poderão ocorrer a qualquer hora, tornando a perseguição praticamente ininterrupta.*
>
> *c. Censura paterna: As vítimas se privam de comentar fatos com os familiares, pois temem a incompreensão e a censura destes, os quais poderiam associar a ocorrência à imprudência dos filhos no uso dos meios de comunicação tecnológica. As vítimas, por sua vez, receiam que uma possível punição lhes tire o uso desses meios.*
>
> *d. Espectadores: Imposta a injúria em páginas da web, caracteristicamente em comunidades virtuais, o número de espectadores de uma cena ultrajante pode variar inumeravelmente. Poderá ser a nível global, que é um pressuposto desse meio de comunicação.*
>
> *e. Desinibição: O desconhecimento de sua identidade pelos demais dá aos agressores liberdade bastante para expugnar a esfera jurídica alheia. Acrescente-se ainda a circunstância de que, no virtual, essa esfera é mais vulnerável, já que a exposição é maior. Logo, o agente tem duplamente mais liberdade – na verdade, a desinibição seria antes uma consequência do anonimato do que uma característica individual.*

2.1. Tipos mais comuns de *cyberbullying*

Pesquisas mostram os sete tipos mais comuns de *cyberbullying*:

1) **Calúnia**: afirmar que a vítima praticou algum fato criminoso. Um exemplo comum seriam as mensagens deixadas no perfil de determinado usuário de uma rede social ou site de relacionamento, imputando-lhe a prática de determinado crime, como, por exemplo, que certa pessoa praticou o crime de furto ou estupro.

2) **Difamação**: é imputar um fato a alguém, que ofenda sua reputação, pouco importando se o fato é verdadeiro ou não; o que importa é que atinja a sua honra objetiva. Ex.: Fulana de Tal é devedora.
3) **Injúria**: é ofender a dignidade ou o decoro de outras pessoas, atingindo a sua honra subjetiva. Geralmente relaciona-se a xingamentos que são postados no *Facebook* da vítima. Uma pessoa que filma a vítima sendo agredida ou humilhada e divulga no *Youtube* também pratica o delito. Se a injúria for composta de elementos relacionados à raça, cor, etnia, religião ou condição de pessoa idosa ou portadora de necessidades especiais, o crime se agrava e a pena passa a ser de reclusão de um a três anos e multa.
4) **Ameaça**: ameaçar a vítima de mal injusto e grave. O mais comum seria a vítima informar a autoridade policial que está recebendo ameaças de morte via SMS, mensagens in Box, telefonemas entre outras. Nesse caso a pena será de detenção de seis meses ou multa.
5) **Constrangimento ilegal**: em relação ao *cyberbullying*, esse crime se consuma no momento em que a vítima faz algo que não deseja fazer e que a lei não determine. Por exemplo, se um garoto envia uma mensagem instantânea para a vítima dizendo que vai agredir um familiar da mesma, caso não aceite ligar a câmera do seu computador (webcam). Nesse caso a pena é de detenção de três meses a um ano ou multa.
6) **Falsa identidade**: ação de atribuir-se ou atribuir a outra pessoa falsa identidade, para obter vantagem em proveito próprio ou de outro indivíduo, ou para proporcionar algum dano. Por exemplo, a utilização de perfis falsos em *sites* de relacionamento, no caso uma mulher casada que se passa por solteira para conhecer outros homens e vice-versa; ou até mesmo utilizar a foto de um desafeto para criar um perfil falso e proferir ofensas contra diversas pessoas, visando colocar a vítima em situação embaraçosa e constrangedora. A pena prevista para esse caso é de três meses a um ano ou multa.
7) **Molestar ou perturbar a tranquilidade**: Nesse caso, não estamos diante de um crime, mas sim de uma contravenção penal, que permitirá que seja punido aquele que molestar a tranquilidade de determinada pessoa por acinte ou motivo reprovável, como por exemplo, o indivíduo que envia mensagens desagradáveis, incomodando a vítima. A pena nesse caso é de quinze dias a dois meses ou multa.

2.2. Modalidades de *cyberbullying*

Conte e Rossini (2010, p. 54) entendem que *cyberbullying* é gênero, cujas condutas são subdivididas em espécies. Algumas delas são: *cyberstalking*, exclusão, *flaming* e *sexting*.

1. *Cyberstalking:* caracteriza-se pela tentativa persistente de um sujeito, o *cyberstalker*, assediar outro, a vítima, recorrendo ao uso da *Internet* e as mais variadas tecnologias. Reyns, Henson e Fisher (2011) definem o *cyberstalking* como "*a repetida perseguição de um indivíduo usando instrumentos com acesso à Internet ou eletrônicos.*"

Para Sibila Stahlke Prado: (2013, p. 517)

> *esta modalidade de cyberbullying ocorre quando o agressor (stalker) persegue a vítima, criando uma verdadeira obsessão dentro de si. O ofensor também assedia, intimida e ataca no espaço virtual. Ordinariamente, os agressores são do sexo masculino, enquanto as vítimas são mulheres.*

De acordo com Gisele Truzzi de Lima, em tese, as vítimas são sempre mulheres e os ofensores, homens: (2014)

> *Acredito que você já tenha passado por isto ou conheça alguém que enfrentou situação semelhante: um indivíduo sempre está visitando seu perfil em uma rede social, deixa recados diários ou envia e-mails com frequência, encaminha mensagens regularmente desejando uma boa noite, por exemplo, insiste em fazer parte de seu círculo social (caso já não o faça), sabe de detalhes de sua vida, sem que sequer você tenha expressado isso, encontra-o em comunidades virtuais e fóruns online que você sequer imaginaria que ele pudesse estar "rondando" por ali... Resumindo: você é "perseguido virtualmente" e isso o incomoda. Sem dúvida, o relativo anonimato propiciado pela Internet encoraja os cyberstalkers, que podem manter certa distância física da sua vítima, tendo a falsa impressão de que estão protegidos por uma tela de computador. O desconforto, o abalo psicológico causado por esta perseguição virtual acaba por gerar sentimentos angustiantes na vítima, que muitas vezes não sabe quais medidas tomar.*

2. Exclusão: "*A exclusão também é espécie do gênero bullying, onde ocorre um menosprezo da participação de algum ser humano em grupos online, devido a suas características e peculiaridades*" (DIMARIO; SOUZA, 2011, p. 56).

Conforme os ensinamentos de Conte e Rossini (2010, p. 56), a exclusão também é conhecida como *apartheid* digital, na qual há a expulsão de alguém de grupo ou comunidade, sendo o exemplo mais corriqueiro a exclusão de algum indivíduo de uma comunidade como, por exemplo, o *Facebook*.

3. *Flaming:* é aquela famosa troca de ofensas na rede, com mensagens curtas e respostas violentas, a ponto da discussão transformar-se em uma guerra de xingamentos (*Flame War*). Para Conti e Rossini: (2010, p.54)

> *Flaming (ou provocação on-line) – consiste no envio de mensagens vulgares ou que mostram hostilidade em relação a uma pessoa. Essa mensagem pode ser enviada para um grupo on-line ou para a própria pessoa hostilizada – via e-mail ou SMS (torpedo). As mensagens são chamadas flames (chamas ou labaredas), pois visam provocar a vítima.*

4. *Sexting:Sex* (sexo) + *texting* (troca de textos e imagens pelo celular) – consiste em espalhar eletronicamente material de conteúdo sexual. *Sexting* é o envio, por celular, de imagens de alguém nu, seminu ou em ação sexual. O envio pode ser feito pelo próprio protagonista da imagem ou por terceiro. A palavra vem de *sex* mais *texting*, verbo utilizado para designar o envio de SMS (mensagem de texto) por celular. O envio das imagens é feito por meio das tecnologias de comunicação: mensagens pelo celular ou redes sociais, como *Facebook*, *Twitter*. (CONTE; ROSSINI, 2010, p. 56)

Como se pode verificar, são inúmeras as formas de violência virtual, mas uma tem sido especialmente desejada entre os jovens estudantes, e Lélio Calhau a denomina de Bofetada Feliz ou *Happy Slapping*, e a traduz como sendo: (2010, p.63)

> *"Prática cruel de bullying (real) que se mistura ao cyberbullying (virtual). No geral, os agressores atacam uma vítima com bofetadas sendo que um comparsa fica a uma pequena distância filmando as agressões com câmera de vídeo de um telefone celular. Os vídeos com as agressões são imediatamente postados em redes sociais (ou enviados para telefones celulares) e visualizados por centenas ou milhares de pessoas em pouco tempo, infelizmente, tem se tornado comum no Brasil também. "*

2.3. Agentes

Podemos delimitar em três os agentes envolvidos no *cyberbullying*: agressor (ou *hater*), vítima e o espectador.

Hater é uma palavra inglesa que, em tradução livre, significa: "o que odeia" ou "odiador", tendo se popularizado na *internet* para classificar as pessoas que praticam *bullying* virtual ou *cyberbullyng*. Por ter se tornado uma conduta frequente, esse tipo de internauta foi batizado simplesmente de "*hater*".

O agressor é aquele que, de maneira consciente, persiste em seus atos hostis sem se importar com o sentimento alheio. É, habitualmente, uma pessoa antipática, arrogante e desagradável. Tem por objetivo humilhar ou menosprezar a vítima, apresentando-se como parte mais forte daquela relação, e tornando-se popular aos demais que convivem junto a ele. A reação de sofrimento da vítima possibilita a redução da conduta do autor, mas lhe causa satisfação.

Existem possíveis fatores desencadeadores que podem explicar o motivo da conduta dos agressores, como conflitos entre membros da família, maus tratos associados a algum abuso, ou baixa autoestima. Com isso, essas pessoas tendem a descontar a sua raiva em outras mais fragilizadas. (MORENO, 2019)

Os agressores sentem satisfação em causar danos, controlar situações. Não aceitam regras, podendo, inclusive, roubar e agredir fisicamente. Sua personalidade é marcada por traços de desrespeito e maldade, eles agem sempre com o intuito de maltratar, intimidar, humilhar e amedrontar suas vítimas. Estas são as que sofrem *bullying*. Podem ser chamadas também de alvos do *bullying*.

Em geral as vitimas são tímidas, inseguras e sensíveis. Tendem a ser mais sozinhas, com poucos amigos. Têm dificuldade para se defender e esse é um dos motivos para o *hater* atacá-las. É comum mostrarem certa dificuldade para formar novas amizades ou para se adequar a determinado grupo.

São constantemente ameaçadas, ficando intimidadas e isoladas. Recebem apelidos e provocações, têm os objetos pessoais roubados ou danificados. No ambiente familiar, apresentam comportamento diferente, evitando as pessoas, demonstrando medo ou receio de ir para o ambiente escolar ou profissional.

Geralmente são pessoas diferentes da maioria, por possuírem características que fogem de um suposto padrão imposto por um determinado grupo. São classificadas em três categorias: passiva, provocadora e agressora.

As vítimas passivas geralmente são mais inseguras e ansiosas, além de solitárias e sem amigos.

As provocadoras são aquelas que agem por impulso. Provocam outras pessoas e depois não sabem lidar com as reações delas.

As vítimas agressoras são as que sofreram *bullying* e, depois, passam para o papel de *bully*, intimidando seu próprio agressor ou outras pessoas. São tidas como as mais perigosas, porque podem desenvolver sentimentos de vingança, e um dia cometer atos de loucura contra os próprios agressores ou outras pessoas.

Por fim, temos os espectadores: são aqueles que presenciam o *bullying*, mas permanecem passivos, sem tomar nenhuma atitude. O *bullying* também afeta os espectadores, deixando-os inseguros ao verem cenas de violência; podem desenvolver sentimento de culpa, por nada terem feito.

2.4. Consequências

O *cyberbullying* traz marcas profundas e pode resultar em depressão, isolamento social e, em casos mais graves, até levar ao suicídio. Embora não consista em agressões físicas, ele é tão ou mais danoso quanto o *bullying* físico.

O abuso sofrido pela vítima de *bullying* virtual geralmente é psicológico, como em casos em que a vítima tem sua imagem denegrida, sofre retaliação por alguma característica sua, é humilhada no ambiente virtual e exposta ao ridículo. Mas essas agressões podem acabar se tornando físicas, sendo esse tipo de violência, aliado a ameaças de morte e à publicação de informações pessoais da vítima, os meios de *cyberbullying* considerados os mais violentos. (SILVEIRA, 2016)

O que torna as agressões virtuais ainda mais dolorosas às vítimas é o fato do agressor tê-las sempre a seu alcance, a qualquer hora do dia ou da noite. Enquanto quem pratica *bullying* é identificado pela vítima, no caso de o *cyberbullying* esse reconhecimento é mais difícil, já que, no ambiente virtual, é possível ter um certo grau de anonimato.

Outra grave consequência é que o abuso sofrido por meio da rede pode atingir grandes proporções, à medida em que as informações jogadas nela se espalham na velocidade da luz, e perde-se o controle de até onde elas podem ir, sem falar que se tornam permanentes. Uma vez colocadas na rede, por lá elas permanecerão por tempo indeterminado.

As consequências para a vítima são inúmeras, podendo variar entre queda na baixa autoestima, ansiedade, sintomas psicossomáticos causados pelo estresse (dor de cabeça, náuseas, taquicardia), medo, insegurança, angústia, depressão, até pensamentos suicidas e assassinatos.

2.5. Responsabilidade penal

O *cyberbullying* consiste na prática de um crime contra a honra, em meio virtual. Os crimes contra a honra, já tipificados no capítulo V do Código Penal, são a calúnia, a injúria e a difamação, cuja pena é aumentada de um terço, acaso cometidos por meio que facilite sua divulgação, como acontece na *internet*.

Para Vanessa Sousa Vieira: (2018)

> *Além da tipificação prevista no Código Penal, com incidência do aumento de pena, no âmbito dos crimes contra a honra, o cyberbullying ensejou a edição da Lei 13.185, de 6 de novembro de 2015, que institui o Programa de Combate à Intimidação Sistemática (Bullying). Segundo esse novo instrumento normativo, considera-se bullying todo ato de violência física ou psicológica, intencional e repetitivo, que ocorre sem motivação evidente, praticado por indivíduo ou grupo, contra uma ou mais pessoas, com o objetivo de intimidá-la ou agredi-la, causando dor e angústia à vítima, em uma relação de desequilíbrio de poder entre as partes envolvidas. Nos termos do parágrafo único do artigo 2º desta lei, ocorre o cyberbullying quando há intimidação sistemática na rede mundial de computadores, com utilização dos instrumentos que lhe são próprios, para depreciar, incitar a violência, adulterar fotos e dados pessoais, com o intuito de criar meios de constrangimento psicossocial.*

Clarice D'Urso (2014, p. 14) entende que qualquer ato ofensivo realizado virtualmente pode ser encaixado nas disposições legais do Código Penal.

Já Aline Casado, expõe que: (2011, p.1)

> *Ora, inclusive já nos adiantamos neste ponto quando destacamos que a vítima de bullying ou cyber bullying tem sua honra atacada ou atingida pelos autores do bullying. Todas as condutas dos agressores tais como agredir verbal e fisicamente, com todas as repercussões e desdobramentos possíveis destas condutas, ofendem a integridade física do indivíduo, no caso do bullying há guarida no ordenamento jurídico penal com o tipo correspondente à lesão corporal e todos os desdobramentos que destas lesões resultarem. No caso do cyber bullying o agressor ofende outro bem jurídico, já que neste caso a violência física está afastada, restando à ofensa apenas à honra, intimidade, imagem ou privacidade do indivíduo. A proteção que se pretende dispensar aos crimes cometidos via internet e que tenha estreita ligação com o bullying e que denominamos cyber bullying guardam relação com bens jurídicos mais afetos à honra, à intimidade e privacidade. Todas as condutas mencionadas até aqui são capazes de abalar a honra, a dignidade ou o decoro do indivíduo.*

O núcleo central do *cyberbullying* está circunscrito à honra do indivíduo, mas pode também atingir ainda outros bens, tais como a paz de espírito, a tranquilidade espiritual, como é o caso de crimes cometidos através de meios eletrônicos que estejam coadunados com o delito de ameaça, descrito no artigo 147 do Código Penal.

Na verdade, o grande problema para a responsabilização criminal, em se tratando de *cyberbullying*, é a prova processual das agressões virtuais. Embora cada computador possa ser identificado pelo IP (*InternetProtocol*), ou seja, o agressor deixa rastros do crime na rede mundial de computadores, muitas vezes ele se esconde atrás de *nicknames* (apelidos) utilizados no mundo virtual. Isso pode dificultar a identificação exata do agressor, principalmente se este utiliza várias máquinas (computadores) em lugares diversos como as *lan houses*. (CASADO, 2011)

Nesses casos, medidas simples como imprimir as páginas onde as ofensas e/ou agressões foram postadas e identificar as redes sociais podem auxiliar a descobrir a identidade do agressor.

2.6. Responsabilidade civil

Além dos crimes acima previstos as vítimas de *cyberbullying* poderão requerer a reparação civil perante os agressores, consistente na indenizão por danos morais.

No juízo cível, a vítima pode e deve ser compensada monetariamente pelos danos causados, considerando a dimensão dos mesmos à extensão do acesso pela *internet* ao caso concreto; devem ainda os agressores arcar com o pagamento de acompanhamento psicológico da vítima; reparação pública dos danos causados (retratação), e outras tantas possibilidades de esgotar a citada reparação.

Dispõe o art. 5 º da Carta Magna, *in verbis*:

> *Art. 5º Todos são iguais perante a lei, sem distinção de qualquer natureza, garantindo-se aos brasileiros e aos estrangeiros residentes no País a inviolabilidade do direito à vida, à liberdade, à igualdade, à segurança e à propriedade, nos termos seguintes: X – são invioláveis a intimidade, a vida privada, a honra e a imagem das pessoas, assegurado o direito à indenização pelo dano material ou moral decorrente de sua violação (...)*

Assim, observa-se que o próprio texto constitucional previu, antecipadamente, a possibilidade de indenização por dano material ou moral, decorrente da violação da intimidade, da vida privada, bem como da honra e da imagem das pessoas, pois todos têm direito à liberdade de ser e de se expressar da maneira como quiser, respeitando, contudo, o direito do outro.

Uma das grandes dificuldades em relação ao *cyberbullying* está no anonimato do agressor que chega, inclusive, a criar falsos perfis nas redes sociais, apenas para atingir seus objetivos e, por consequência, suas vítimas.

Trata-se de uma questão séria e que causa muita preocupação. Diante disso, o entendimento dos nossos Tribunais já é no sentido de que, havendo atos nos quais a vida privada da pessoa seja violada pelo uso de ferramenta da *internet*, ou por meio delas, ocorrendo atos preconceituosos ou lesivos, e a identidade do agente seja desconhecida, o juízo deverá determinar cautelarmente a quebra do sigilo da rede social utilizada ou do *e- mail*. O provedor de *internet* deverá, então, fornecer a maior quantidade de dados possíveis capazes de identificar e localizar o *bully*.

É nítido que o indivíduo que pratica o *cyberbullying* deve indenizar quem sofrer eventuais danos decorrentes de sua atitude, uma vez que há os pilares básicos para se imputar a responsabilização civil nestes casos, qual seja, o dano, a conduta e o nexo de causalidade. No entanto, discute-se, ainda, qual o alcance dessa responsabilização civil.

Ao provedor também poderá ser incumbido esse dever. Já é pacificado pela doutrina e jurisprudência que, na esfera dos provedores, a relação entre estes e os usuários é de consumo e, por essa razão, estaria sujeita ao regime do Código de Defesa do Consumidor. O próprio Superior Tribunal de Justiça já se posicionou no sentido de que eventual inércia do provedor, após notificado de conteúdo ilícito – no caso o *cyberbullying* -, gera responsabilização por eventuais danos. Nesta situação, ele passaria a responder de forma solidária com o autor do ilícito.

Outra questão que deve ser abordada é a responsabilidade dos genitores, quando os agressores forem incapazes civilmente.

Para Dimario e Souza (2011, p. 60), os incapazes, descritos nos artigos 3º e 4º do Código Civil, que porventura venham a praticar o ato ilícito terão de chamar seus responsáveis para responder civilmente pela ofensa, conforme disposição legal dos artigos 932 e 933 do Código Civil. Nele, no art. 932, I, disciplina que são os pais que deverão se responsabilizar civilmente pelos atos ilícitos perpetrados pelos seus filhos menores de idade. Ainda, o art. 927 do Código Civil ratifica a obrigação de reparar o dano. Por fim, o art. 944 do Código Civil também determina que a responsabilidade civil, nessas circunstâncias, é objetiva, o que significa que independe de culpa.

Por fim, em se tratando de *cyberbullying* ocorrido dentro do ambiente escolar, caberá responsabilização também?

Até o advento da Lei Federal nº 13.185/2015, o *bullying* não era mencionado expressamente na legislação pátria, mas os Tribunais do país, mediante a interpretação conjunta de diversos dispositivos legais vigentes, já imputavam às escolas a responsabilidade civil pela reparação de danos decorrentes dessa prática. A citada lei instituiu o chamado "Programa de Combate à Intimidação Sistemática (*Bullying*) em todo o território nacional"; em seu art. 5º, atribuiu aos estabelecimentos de ensino o dever de "assegurar medidas de conscientização, prevenção, diagnose e combate à violência e à intimidação sistemática (*bullying*)".

Portanto, a partir de 2015, não há mais dúvida quanto à responsabilidade civil da escola pela prática de *bullying*, seja ele físico ou virtual. Quando ocorre um ato de violência durante o período em que as partes se encontram sob a guarda do estabelecimento de ensino, a escola responde, juntamente com os pais do agressor (quando menor de 18 anos), pelos danos ocasionados à vítima. (RUSSO, 2018)

Por outro lado, o *cyberbullying* que acontece fora das circunscrições da instituição de ensino não merece o mesmo tratamento taxativo da lei. Não há que se falar em violação ao dever de coibir o ato e consequente responsabilização direta, já que não se pode controlar o que os alunos fazem fora da escola. Vale ressaltar que, obviamente, o *cyberbullying* não existiria sem a *internet* e, por consequência, os provedores de conteúdo, como o *Facebook*. (COSTA, 2018)

Não se deve esquecer que deverá ocorrer a identificação do nexo de causalidade entre a atividade do educandário e o dano sofrido, devendo-se verificar, nos casos concretos, se há efetiva presença de nexo causal.

Alguns doutrinadores entendem que, em se tratando de *bullying* e *cyberbullying*, um eventual pedido de reparação específica pode constituir solução interessante e contar com a simpatia dos nossos tribunais. A reparação se daria por meio da implantação de um programa de conscientização dos alunos, destinado a evitar casos futuros – cumulado ou não com alguma indenização em dinheiro.

A promulgação da Lei 13.663, de maio 2018, vem ao encontro desse entendimento: sem afastar a responsabilidade civil das escolas, afirma que:

> *os estabelecimentos de ensino, respeitadas as normas comuns e as do seu sistema de ensino, terão a incumbência de (...) promover medidas de conscientização, de prevenção e de combate a todos os tipos de violência, especialmente a intimidação sistemática (bullying), no âmbito das escolas*", bem como "*estabelecer ações destinadas a promover a cultura de paz nas escolas.*

2.7. Casos reais no ordenamento jurídico

Um dos casos mais emblemáticos de violência virtual, e que se propagou pelo mundo inteiro, certamente, foi o jogo mortal "baleia azul". A partir de um convite para uma página privada e secreta no Facebook, um instrutor passava alguns desafios aos seus novos jogadores, iniciando-se, assim, a participação do internauta. A partir de então, o que parecia um jogo inocente tornava-se macabro e mortal. No total, eram propostos 50 desafios, tais como: escrever com uma navalha na palma da mão, cortar o próprio lábio, desenhar uma baleia em seu corpo com uma faca, até chegar ao desafio final, que ordenava tirar a própria vida. Consistia em um jogo sem volta, pois, após a vítima iniciar os desafios, ela não poderia desistir, pois seria ameaçada pelos administradores do jogo, os *haters*.

Segundo relatos, ele teve início na Rússia, aproximadamente no ano de 2015. Estima-se que cerca de 130 jovens já teriam cometido suicídio em razão do jogo, cujas orientações partem de uma pessoa denominada de "curador".

Os casos de *cyberbullying* são matérias de constante apreciação por parte do Judiciário. Em 2010, o Tribunal de Justiça do Rio Grande do Sul entendeu por bem proferir o seguinte acórdão:

> RESPONSABILIDADE CIVIL. *Internet. Uso de imagem para fim depreciativo. Criação de flog – página pessoal para fotos na rede mundial de computadores. Responsabilidade dos genitores. Pátrio poder. Bullying. Ato ilícito. Dano moral in re ipsa. Ofensas aos chamados direitos de personalidade. Manutenção da indenização. Provedor de internet. Serviço disponibilizado. Comprovação de zelo. Ausência de responsabilidade pelo conteúdo. Ação. Retirada da página em tempo hábil. Preliminar afastada. Denunciação da lide. Ausência de elementos. Apelo do autor da denunciação da lide. I. Para restar configurada a denunciação da lide, nos moldes do art. 70 do CPC, necessários elementos demonstrando vínculo de admissibilidade. Ausentes provas embasando o pedido realizado, não há falar em denunciação da lide. Da responsabilidade do provedor de internet. II. Provedores de internet disponibilizam espaço para criação de páginas pessoais na rede mundial de computadores, as quais são utilizadas livremente pelos usuários. Contudo, havendo denúncia de conteúdo impróprio e/ou ofensivo à dignidade da pessoa humana, incumbe ao prestador de serviços averiguar e retirar com brevidade a página se presente elementos de caráter ofensivo. III. Hipótese em que o provedor excluiu a página denunciada do ar depois de transcorrida semana, uma vez ser analisado assunto exposto, bem como necessário certo tempo para o rastreamento*

> *da origem das ofensas pessoais – pc do ofensor. Ausentes provas de desrespeito aos direitos previstos pelo CDC, não há falar em responsabilidade civil do provedor. Apelo da ré do dano moral. IV. A doutrina moderna evoluiu para firmar entendimento acerca da responsabilidade civil do ofensor em relação ao ofendido, haja vista desgaste do instituto proveniente da massificação das demandas judiciais. O dano deve representar ofensa aos chamados direitos de personalidade, como à imagem e à honra, de modo a desestabilizar psicologicamente o ofendido. V. A prática de bullying é ato ilícito, haja vista compreender a intenção de desestabilizar psicologicamente o ofendido, o qual resulta em abalo acima do razoável, respondendo o ofensor pela prática ilegal. VI. Aos pais incumbe o dever de guarda, orientação e zelo pelos filhos menores de idade, respondendo civilmente pelos ilícitos praticados, uma vez ser inerente ao pátrio poder, conforme inteligência do art. 932, do código civil. Hipótese em que o filho menor criou página na internet com a finalidade de ofender colega de classe, atrelando fatos e imagens de caráter exclusivamente pejorativo. VII. Incontroversa ofensa aos chamados direitos de personalidade do autor, como à imagem e à honra, restando, ao responsável, o dever de indenizar o ofendido pelo dano moral causado, o qual, no caso, tem natureza in re ipsa. VIII. Quantum reparatório serve de meio coercitivo/educativo ao ofensor, de modo a desestimular práticas reiteradas de ilícitos civis. Manutenção do valor reparatório é medida que se impõe, porquanto harmônico com caráter punitivo/pedagógico comumente adotado pela câmara em situações análogas. Apelos desprovidos (BRASIL. TJRS. AC Nº 70031750094, REL. DESA. LIEGE PURICELI PIRES, 2010).*

Vale a pena citar, ainda, o Tribunal de Justiça do Estado do Rio de Janeiro, que já firmou entendimento no sentido de indenizar as vítimas de *cyberbullying*:

> *INDENIZATÓRIA. "Bullying" virtual. Configurada a responsabilidade da segunda ré (Carolina) e do terceiro réu (Facebook). Menor Carolina que admite a autoria em comentário irônico. Conduta omissiva do terceiro réu que deixou de tomar providências mesmo após a denúncia feita através do seu site, quanto já era possível identificar o perfil do autor da ofensa, assim como a própria imagem que gerou o constrangimento. "bullying" virtual que é tão agressivo quanto aquele praticado diretamente, com o agravante da exposição ampla e repetida. Não é difícil presumir o constrangimento e a angústia vivenciados pela autora, com apenas 12 anos de idade, ao ser objeto de humilhação pública pelos colegas de escola, que nesta fase, é o local onde se dá a maior parte do convívio social de crianças e adolescentes. Dano moral configurado. Redução do quantum indenizatório ao qual foi condenado o primeiro réu – Flávio. Condenação da segunda ré ao pagamento*

> *de indenização no valor de R$ 2.000,00. Condenação do terceiro réu ao pagamento de indenização no valor de R$ 10.000,00. Valores que atendem aos princípios da razoabilidade e proporcionalidade. Parcial provimento de ambos os recursos (BRASIL. TJRJ. AC Nº 0002215-71.2012.8.19.0050, Rel. Des. Pedro Saraiva de Andrade Lemos, julg. 29/01/2014).*

A controvérsia decorreu do recurso de Apelação Cível interposto contra a sentença proferida pelo Juízo de Direito da 2ª Vara da Comarca de Santo Antônio de Pádua, que julgou procedente a ação de indenização proposta pela autora menor, representada por sua genitora, em face de F. e C., menores, ambos representados por suas genitoras, e de Facebook Serviços Online. A sentença proferida mencionava a condenação somente do primeiro réu. Inconformada, a autora apela, pretendendo a condenação do segundo e do terceiro réus, bem como a majoração do valor indenizatório. O réu, por seu turno, apela, alegando tratar-se de brincadeiras, e responsabilizando a segunda ré (Carolina). Na ocasião, a autora (Lorena) pleiteou indenização por danos morais sofridos, em razão de *bullying* virtual praticado por parte dos réus, F. e C., por meio da rede social, gerida pelo terceiro réu – Facebook. Segundo ela, foram postados comentários ofensivos à sua imagem, gerando-lhe constrangimento, agravados pelos comentários jocosos dos demais colegas. O terceiro réu foi responsabilizado por sua conduta omissiva, porque, após a denúncia feita pela autora, nenhuma providência foi tomada de sua parte para tentar minimizar a conduta ofensiva.

Conclusões

A *internet* que inicialmente era considerada como uma forma de aproximar as pessoas tem sido utilizada como instrumento na perpetração de crimes eletrônicos.

O *cyberbullying* ainda é uma violência silenciosa. Muitas vítimas, por medo ou vergonha, sentem-se acuadas e não pedem socorro. São poucas as que admitem o problema e pedem ajuda.

A vítima do *cyberbullying* experimenta dissabores imensuráveis, de vez que a ofensa virtual se propaga no tempo e na memória dos usuários. Restou comprovado que são danos irreparáveis ou de difícil reparação, pois podem levar até ao suicídio da vítima, o que tem provocado a atuação do Poder Judiciário.

Nosso ordenamento jurídico possui plenas condições de punir os ofensores por meio de diversos diplomas legais, a exemplo do Código Civil, do Código Penal e do Estatuto da Criança e do Adolescente. Ressalta-se que essa punição deve ser estendida aos genitores, quando o agressor for menor de idade, à escola, quando a agressão ocorre em suas dependências e até mesmo aos provedores da *internet*.

O combate e a prevenção ao *cyberbullying* não cabem somente ao Poder Judiciário. Trata- se de um trabalho em conjunto que deve ser realizado, ainda, por profissionais da área de saúde, educação, além da própria família e da sociedade.

REFERÊNCIAS

BRASIL.**Código Civil Brasileiro**. Disponível em:http://www.planalto.gov.br/ccivil_03/leis/2002/l10406.htm Acesso em: 02/08/2019

— **Constituição da República Federativa do Brasil de 1988**. Disponível em: http://www.planalto.gov.br/ccivil_03/constituicao/constituicao.htm Acesso em: 02/08/2019

— **Lei nº 13.185, de 6 de novembro de 2015.** Disponível em:http://www.planalto.gov.br/ccivil_03/_ato2015-2018/2015/lei/l13185.htmAcesso em 30/07/2019

— **Lei nº13.663, de 14 de maio de 2018.** Disponível em:http://www.planalto.gov.br/ccivil_03/_Ato2015-2018/2018/Lei/L13663.htm Acesso em: 02/08/2019

TJRJ. AC Nº 0002215-71.2012.8.19.0050, Rel. Des. Pedro Saraiva e **Andrade Lemos, 2013. Disponível em: tj-rj.jusbrasil.com.br/jurisprudência. Acesso em: 07/08/2019.**

CALHAU, Lélio Braga. *Bullying* **O que você precisa saber. Identificação, prevenção e repressão.** 2ª edição. Niterói, RJ: Impetus, 2010,

CONTE, Christiany Pegorari; ROSSINI, Augusto Eduardo de Souza. **Aspectos jurídicos do *Cyberbullying*. Revista FMU Direito**, São Paulo, ano 24, n. 34, p. 46-65, 2010. Disponível em: http://www.revistaseletronicas.fmu.br/index.php/RMDIR/article/view/94>. Acesso em: 31/07/2019.

CORREIO, André Finco. **A importância do Direito como instrumento de combate ao *bullying*escolar.** Disponível em:https://periodicos.ufsm.br/revistadireito/article/view/9112/pdfAcesso em: 30/07/2019

COSTA,Otávio Carvalho Napolis. **Responsabilidade civil pela prática do cyberbullying.** Disponível em:https://domtotal.com/noticia/1309307/2018/11/responsabilidade-civil-pela-pratica- do-cyberbullying/Acesso em: 02/08/2019

DIMARIO, Giovana Alexandra; SOUZA, Luiz Felipe Camilo de. ***Cyberbullying*: estudo jurídico do fato. Cadernos de iniciação científica, Faculdade de Direito de** São Bernardo do Campo, ano 8, n. 8., p. 52-64, 2011

D'URSO, Clarice. ***Cyberbullying*, um desafio para o direito**. Disponível em: <www.oabsp.org.br/comissoes2010/...%20CYBERBULLYING.../>.Acessoem: 02/08/2019.

FARIA, Claudia. **O que é o *Bullying* e principais consequências.** Disponível em: https://www.tuasaude.com/o-que-e-bullying/Acesso em: 30/07/2019

FELIZARDO, Aloma Ribeiro apud RIBEIRO, Thiago de Lima. **O Direito aplicado ao *cyberbullying*: honra e imagem nas redes sociais**. Editora Intersaberes, 2013.

LIMA, Gisele Truzzi de. ***Cyberbullying*, *Cyberstalking* e redessociais: os reflexos da perseguição digital.** Disponível em:<http://www.truzzi.com.br/pdf/artigo-cyberbullying-cyberstalking-redes-sociais.pdf>. Acesso em: 31/07/2019.

MASSAROLLO, Myrian Aparecida Bosco. **O Direito Eletrônico e *cyberbullying*.** Disponível em:https://www.direitonet.com.br/artigos/exibir/6137/O-Direito-Eletronico-e-cyberbullyingAcesso em: 30/07/2019

MORENO, Luciano Sousa. **A relação de causalidade do suicídio decorrente do *cyberbullying*.** Disponível em:https://jus.com.br/artigos/71777/a-relacao-de-causalidade-do- suicidio-decorrente-do-cyberbullying. Acesso em: 01º/08/2019

REYNS, B., HENSON, B., FISHER, B. (2011). **Being Pursued Online: Applying Cyber-lifestyle-Routine Activities Theory To Cyberstalking Victimization. Criminal Justice And Behaviour**, Vo. 38 No. 11, November 2011 1149-1169.

RIBEIRO, Thiago de Lima. **O Direito aplicado ao *cyberbullying*: honra e imagem nas redes sociais.** Curitiba: InterSaberes, 2013, p. 40.

RUSSO, Juliana O. Tinti. **Responsabilidade Civil de escolas por *bullying* e *cyberbullying*.** Disponível em:http://www.tradvogados.com/responsabilidade-civil-de- escolas-por-bullying-e-cyberbullying/Acesso em: 02/08/2019

SCHREIBER, Anderson. Cyberbullying: **Responsabilidade civil e efeitos na família.** Disponível em:http://www.cartaforense.com.br/m/conteudo/colunas/cyberbullying-responsabilidade-civil-e-efeitos-na-familia/18295#_ftn4Acesso em: 31/07/2019

VIEIRA, Vanessa Sousa. ***Cyberbullying* é crime contra a honra em meio virtual.** Disponível em:https://domtotal.com/noticia/1309310/2018/12/cyberbullying-e-crime-contra-a-honra-em-meio-virtual/Acesso em: 02/08/2019

7.
INFIDELIDADE VIRTUAL: A *INTERNET* DESAFIANDO OS RELACIONAMENTOS INTERPESSOAIS

Introdução

É inquestionável a transformação que a internet causou às relações interpessoais, propiciando a aproximação de pessoas em todo mundo e criando, sem nenhuma dúvida, novas formas de interação entre elas.

No Brasil, 99% dos usuários da internet visitam *sites* de relacionamento.

Pesquisas apontam a procura do sexo como uma das características mais marcantes dessa verdadeira revolução, causada pela rede mundial de computadores. A possibilidade do anonimato proporciona aos indivíduos uma forma de extravasar as suas libidos e os desejos mais fantasiosos, por vezes escondidos. Assim, surge uma nova forma de relação afetiva, qual seja, o relacionamento virtual e, por consequência, a infidelidade virtual.

O presente artigo tem por escopo traçar breves considerações acerca dos relacionamentos virtuais na atual sociedade da informação e suas consequências no mundo jurídico.

1. Influência da *internet* nos relacionamentos

É fato incontestável que a *internet* tomou conta da vida de todos os componentes da nossa sociedade. As redes sociais passaram a ter um papel importante no cotidiano das pessoas e em seus relacionamentos.

Hoje é praticamente impossível encontrar uma pessoa sem um celular na mão, comunicando-se, quer seja com amigos, parentes ou entre namorados. Todos fazem parte de, ao menos, um *site* de relacionamento, seja o *Facebook*, *Instagram*, *Tinder*, Namoro *online*. Muitos se utilizam, ainda, das redes sociais como forma de conhecer novas pessoas, criar novos relacionamentos, sejam reais ou virtuais.

Nas palavras de Andressa Tamiozzo (2015):

> *Os relacionamentos reais representam a forma originária dos relacionamentos amorosos. No mundo real é clara a necessidade do contato físico para que um relacionamento se inicie. Para isso, é indispensável que ocorram algumas fases, tais como: olhares, sinais, risos, conversas, boa aparência, etc. Além disso, para um maior envolvimento, é necessário tempo para que as pessoas se conheçam mais profundamente.Por outro lado, nos relacionamentos virtuais, o contato físico, bem como as fases antecedentes ao início de um relacionamento amoroso, inexiste. Nesse tipo de relacionamento, as pessoas podem até mesmo se manter no anonimato, se preferirem, ou então forjar uma falsa identidade, podendo se conhecer, virtualmente, ainda que de forma errônea, em alguns minutos.*

Diferentemente dos relacionamentos reais, os virtuais iniciam-se, geralmente, em *sites* de relacionamentos, com uma conversa no bate-papo, troca de mensagens, fotografias e até mesmo vídeos. Muitos acabam por se apaixonar virtualmente pelas pessoas que encontram nesses *sites* ou pela imagem que elas apresentam.

No mundo virtual, é comum as pessoas se apresentarem da melhor forma possível, com belas fotos, uma vida perfeita, sem defeitos. Cria-se a ideia de parceiros ideais e, consequentemente, de relacionamentos perfeitos. Assim, o mundo virtual passa a ser perfeito, enquanto o real é visto com suas imperfeições.

Para Rodrigo da Cunha Pereira: (2005, p. 119)

> *A realidade cibernética terá como consequência uma modificação inevitável das formas atuais, como casamento, sexo casual, namoro e infidelidade. Isto não significa que as relações online se tornarão a nova essência das experiências modernas, mas certamente trazem uma nova dimensão para estas experiências que serão cada vez mais populares.*

Outra vantagem que o mundo virtual oferece, na visão de alguns, é a possibilidade de vários relacionamentos ao mesmo tempo, com a expectativa de se tornarem reais ou não. Pode ser que jamais ultrapassem o plano virtual. Contudo, devemos ter em mente que suas consequências e, principalmente, seus efeitos poderão ser reais.

Dessa forma, dentro desse ambiente virtual poderão ocorrer relacionamentos extraconjugais e, por conseguinte, resultar no que a doutrina buscou denominar de "infidelidade virtual": o sentimento de desrespeito à dignidade do cônjuge traído, quebra do dever de fidelidade e das promessas firmadas no matrimônio.

2. Infidelidade virtual

A infidelidade virtual caracteriza-se por ser um relacionamento virtual praticado por pessoa comprometida, seja pelo casamento ou pela união estável, a qual passa a experimentar diferentes experiências afetivas e/ou sexuais com pessoa estranha à relação conjugal ou relação convivencial.

Pode ocorrer a infidelidade com o namoro do cônjuge/companheiro com estranhos, sem a ocorrência da relação sexual propriamente dita, sendo caracterizada pela doutrina mais conservadora como conduta desonrosa, e não como adultério.

Sobre o tema, Maria Helena Diniz assevera que: (2005, p.291)

> *os problemas do dia-a-dia podem deteriorar o relacionamento conjugal, passando, em certos casos, o espaço virtual a ser uma válvula de escape por possibilitar ao cônjuge insatisfeito a comunicação com outra pessoa, cuja figura idealizada não enfrenta o desgaste da convivência. Tal laço erótico-afetivo, platônico com pessoa sem rosto e identidade, visto que o internauta pode fraudar dados pessoais, por exemplo, usando apelidos (nickname) e mostrar caracteres diferentes do seu real comportamento, pode ser mais forte do que o relacionamento real, violando a obrigação de respeito e consideração que se deve ter em relação ao consorte.*

Ainda nas palavras de Caio Mário da Silva Pereira (2010, p. 175) : "*na infidelidade virtual os relacionamentos extramatrimoniais dão-se no universo da informática, especificamente via internet*", o que, segundo ele, não deixa de caracterizar uma atitude de efetivo desrespeito ao outro cônjuge. Em busca de uma nova aventura, pessoas comprometidas passaram a se envolver virtualmente com outras pessoas interligadas pela rede, a fim de criar novos laços amorosos, ou até mesmo com o único propósito de satisfazer-se sexualmente. Isso ocorre, geralmente, por meio da masturbação, caracterizando o que se pode chamar de sexo virtual.

Dentro desse contexto, surge uma questão de extrema relevância, e que tem gerado uma calorosa discussão entre os operadores do Direito: a infidelidade virtual pode ser considerada como uma violação ao dever recíproco de fidelidade entre cônjuges?

O art. 1.566 do Código Civil determina, em seu inciso I, o dever de ambos os cônjuges quanto à fidelidade recíproca, sendo que a violação do dever de respeito pode chegar a gerar condenação.

A Constituição Federal, em seu artigo 226, §3º, compara a União Estável e o casamento, em diversos aspectos, como o dever de fidelidade.

O descumprimento do dever de fidelidade ocorre através da conjunção carnal de um dos cônjuges ou companheiro com um terceiro ou, até mesmo, de atos que demonstram a intenção de um comprometimento amoroso fora da sociedade conjugal, não necessitando, pois, do congresso sexual. Nesse caso, a infidelidade é virtual e, na atualidade, quando constatada, é motivo suficiente para o requerimento de indenização por danos morais pela parte traída.

Nesse sentido, Regina Beatriz Tavares da Silva (1999, p. 184) aduz que:

> *A prática de ato ilícito pelo cônjuge que descumpre dever conjugal e acarreta dano ao consorte, ensejando a dissolução culposa da sociedade conjugal, gera a* ***responsabilidade civil*** *e impõe a reparação dos prejuízos, com o caráter ressarcitório ou compensatório, consoante o dano seja de ordem material ou moral.*

Mas como provar a infidelidade virtual?

3. Das provas

Primeiramente, deve-se ter em mente que é a prova do fato que gerou a ofensa que deve ser demonstrada, o que pode ser feito, no caso da infidelidade virtual por todos os meios de prova admitidos em direito.

Maria Helena Diniz (2005, p. 291), uma das únicas autoras brasileiras a tratar do tema, afirma que : "*sendo demonstrada a correspondência virtual, configurado está o menosprezo pela família e o desrespeito ao outro cônjuge.*" Prossegue ainda a autora:

> *Como provar tal infidelidade virtual? É preciso não olvidar que o espaço virtual é pouco discreto, o internauta tem privacidade relativa, mesmo que faça uso de apelido, pois a correspondência trocada fica armazenada na memória do computador e no provedor de acesso à rede e, mesmo que se utilize senha para bloquear o acesso do correio eletrônico, os especialistas podem descobri-la. O problema da prova da infidelidade virtual reside no fato de que esta, na maioria dos casos, só pode ser realizada com a quebra da privacidade do ofensor. A vítima, geralmente, acessa dados*

> *e e-mails particulares do ofensor para poder obter as informações e provas necessárias, sendo, muitas vezes, essa ação autorizada judicialmente, e gerando polêmica sobre a questão.*

Há quem defenda a possibilidade de utilização comum entre os cônjuges, nas mensagens trocadas através do correio eletrônico e do computador, por haver o compartilhamento das senhas ; assim, não haveria que se falar em invasão à privacidade.

Nessa linha de raciocínio, pode ser mencionada lide levada ao conhecimento do Tribunal de Justiça do Distrito Federal, na qual a esposa requereu indenização por danos morais com base em *e-mails* trocados pelo cônjuge e sua amante, registrados no computador da família. O Tribunal entendeu que, se o *e-mail* estava gravado na memória do computador como qualquer outro arquivo, não estava protegido por sigilo. Eis um trecho da decisão:

> *"Assim, nas comunicações pessoais, o sigilo, que protege a invasão de privacidade é a regra, e a disponibilização de informações em princípio sigilosas, é exceção. Cediço que o correio eletrônico é uma inovação tecnológica que facilita a comunicação entre as pessoas. Por certo que o sigilo da correspondência a ele se estende." (Proc. Nº 2005.01.1.118170-, 2ª Vara Cível do TJDF)*

Em contrapartida, há quem entenda que, mesmo com o *e-mail* e computador de uso comum, não seria possível valer-se das mensagens trocadas como prova, levando-se em conta que o direito à privacidade de um cônjuge não pode ser mitigado, em razão do direito à reparação do cônjuge traído.

4. Efeitos jurídicos

A infidelidade virtual ataca a intimidade, os sentimentos afetivos e a organização na entidade familiar, devendo se observar a configuração do dano, que exige, entre outros, o nexo causal e a culpa resultante de dolo, correspondendo, nesses casos, à violação do dever de fidelidade recíproca. É inquestionável tratar-se de uma conduta moralmente reprovável, haja vista ter o Brasil adotado a monogamia como forma de relacionamento.

Diante do conceito de monogamia, fora estabelecido como dever conjugal a fidelidade e, como dever dos companheiros, a lealdade, a qual abrange também a fidelidade no aspecto físico e moral. A infringência ao dever de lealdade e fidelidade atinge a dignidade da pessoa humana, a qual faz parte dos direitos de personalidade dos companheiros ou cônjuges, motivo pelo qual, quando violados, ensejam, em muitos casos, o dano moral.

A violação desse dever enseja descumprimento dos deveres entre os cônjuges e companheiros, e, por conseguinte, a possibilidade de indenização por danos morais, além do pedido de divórcio. Vale ressaltar que tal indenização não pretende punir o cônjuge ou companheiro pela falta de amor e afeto, haja vista que nem sempre a infidelidade pode ser considerada a causa de dissolução do relacionamento. Em alguns casos é somente a consequência, diante de uma união já desgastada.

Ainda existe grande divergência entre doutrinadores quanto à possibilidade de indenização por danos morais decorrentes da infidelidade virtual.

Para uma corrente, a responsabilidade no âmbito da família abrangeria tanto os casos de atos ilícitos, previstos no Código Civil, nos artigos 186 e 187, como também os casos de descumprimento de algum dos deveres familiares.

Já a outra corrente defende que somente caberia falar em responsabilização civil quando o ato ilícito praticado estiver previsto dentre as causas gerais de ilicitude, presentes no Código Civil, não ensejando reparação indenizatória a prática de ato diverso, inclusive os referentes ao dever familiar.

> "Levando em conta o aspecto singular inerente ao Direito de Família, o qual tem o afeto como pilar, tem-se a segunda vertente como posição mais adequada. E isso não quer dizer que se estaria acobertando ilicitudes por ausência de previsão normativa. Os atos ilícitos, como a traição vexatória e a agressão, por exemplo, continuam passíveis de reparação civil. No entanto, desamor e falta de afeto são valores não-patrimoniais, que não se podem comprar, vender ou mesmo obrigar alguém a ter/dar." (ARAUJO,2014)

Logo, incorreto afirmar que todo caso de infidelidade virtual seja capaz de gerar uma indenização por danos morais. Nossa doutrina e jurisprudência brasileiras tendem a se direcionar no sentido de que somente a infidelidade virtual que exponha o cônjuge traído, que o colo que numa situação vexatória, que extrapole a intimidade do casal seria passível dessa indenização.

Ao tratar de um caso concreto, dois doutrinadores apresentam posições divergentes quanto ao julgamento efetuado pelo Juízo.

Trata-se do caso de um ex-marido considerado infiel, condenado a pagar indenização por danos morais no valor de R$ 20.000,00 (vinte mil reais|), porque manteve relacionamento com outra mulher durante a vigência do casamento. A traição foi comprovada por e-mails trocados entre o acusado e sua amante.

O Juízo entendeu que:

> *"[...] a simples comprovação da infidelidade atinge a honra subjetiva do cônjuge traído. Como se pode constatar, os "e-mails" trocados entre o requerido e MCMP, demonstram que possuíam um relacionamento íntimo, inclusive com relação carnal. De igual forma, mesmo que não tenha sido comprovado o adultério, na sua forma tradicional, a infidelidade virtual ficou claramente demonstrada, inclusive pela troca de fantasias eróticas de um com o outro (sexo virtual). [...] A situação dos autos agrava-se quando o requerido sugere à outra mulher, tendo em vista o seu desempenho sexual, que a autora seria uma pessoa "fria" na cama (fl. 32). Se a traição, por si só, já causa abalo psicológico ao cônjuge traído, no caso em tela, tenho que a honra subjetiva da autora foi muito mais agredida, em saber que seu marido, além de traí-la, não a respeitava, fazendo comentários difamatórios quanto à sua vida íntima, perante sua amante." (Proc. Nº 2005.01.1.118170-, 2ª Vara Cível do TJDF)*

No entendimento de Fernanda Sell de Souto Goulart Fernandes, o Juiz agiu com total acerto (Fernandes, 2016). Segundo afirma, para configurar-se a possibilidade de indenização por dano moral são requisitos a existência de: ATO ILÍCITO, DANO E NEXO DE CAUSALIDADE.

Dispõe o artigo 186 do Código Civil Brasileiro: "*Aquele que, por **ação** ou omissão voluntária, negligência ou imprudência, **violar direito** e causar **dano** a outrem, ainda que exclusivamente moral, comete **ato ilícito***".

Já o artigo 1.566 também do Código Civil brasileiro disciplina como deveres de ambos os cônjuges: *I – fidelidade recíproca; II – vida em comum, no domicílio conjugal; III – mútua assistência; IV – sustento, guarda e educação dos filhos; V – respeito e consideração mútuos.*

Resta evidente que, no presente caso, o ex-marido cometeu ato ilícito ao trair sua esposa. Além disso, é próprio da relação familiar o envolvimento em sentimentos de amor e afeto. Quaisquer danos causados nessa esfera provocam consequências muito mais dolorosas.

No caso do dano moral provindo da relação matrimonial, há de se distinguir o dano resultante da dissolução do casamento e o resultante da violação do dever conjugal.

No primeiro caso, é natural o abalo psíquico, porém totalmente aceitável, ressaltando-se sempre que ninguém é obrigado a manter-se em um casamento que já não deseja; assim o cônjuge que simplesmente dá causa à dissolução do vínculo conjugal só está em seu "regular exercício de direito". *"Já no caso da infidelidade, há verdadeira prática de ato ilícito, sendo necessário que a conduta do consorte descumpridor do dever conjugal cause ao outro cônjuge situação de sofrimento excessivo, além da simples frustração do amor não correspondido."* (BELFORT, 2012)

Quanto ao último elemento caracterizador da Responsabilidade Civil, cabe ao cônjuge inocente demonstrar o NEXO DE CAUSALIDADE existente entre o dano e o ato praticado pelo cônjuge ofensor.

Corroborando com esse entendimento, o Egrégio Tribunal de Justiça do Distrito Federal já se manifestou no sentido de que :

> *[...] Se a traição, por si só, já causa abalo psicológico ao cônjuge traído, tenho que a honra subjetiva da autora foi muito mais agredida, em saber que seu marido, além de traí-la, não a respeitava, fazendo comentários difamatórios quanto à sua vida íntima, perante sua amante, afirma a sentença. As provas foram colhidas pela própria esposa enganada, que descobriu os e-mails arquivados no computador da família. Ela entrou na Justiça com pedido de reparação por danos morais, alegando ofensa à sua honra subjetiva e violação de seu direito à privacidade. Acrescenta que precisou passar por tratamento psicológico, pois acreditava que o marido havia abandonado a família devido a uma crise existencial. Diz que jamais desconfiou da traição, só comprovada depois que ele deixou o lar conjugal. Em sua defesa, o ex-marido alegou invasão de privacidade e pediu a desconsideração dos e-mails como prova da infidelidade. Afirma que não difamou a ex-esposa e que ela mesma denegria sua imagem ao mostrar as correspondências às outras pessoas. Ao analisar a questão, o magistrado desconsiderou a alegação de quebra de sigilo. Para ele, não houve invasão de privacidade porque os e-mails estavam gravados no computador de uso da família e a ex-esposa tinha acesso à senha do acusado. Simples arquivos não estão resguardados pelo sigilo conferido às correspondências, conclui. (Proc. Nº 2005.01.1.118170-3 TJ-DFT TJDF, Sentença proferida pelo Juiz Jansen Fialho de Almeida).*

Em posição contrária a esse julgamento, temos Alexandre Morais da Rosa. Para ele não se trata de exposição pública do cônjuge ao ridículo social, com cartazes, postagens públicas, enfim, toda uma gama de situações vexatórias que não se compara com a narrada na decisão. Rosa entende que, com a indenização por danos morais decorrentes da infidelidade, correríamos o risco de rebaixar o amor a algo comercializável nos mercados judiciais.

É contra isso que se coloca : (Rosa, 2016)

> *Um casamento que anda se segurando nas amarras da obrigação e não do desejo é um casamento morto, cuja responsabilidade não pode ser maniqueísta. De um lado o malvado e do outro a vítima. Ambos precisariam assumir sua parcela de responsabilidade pelo acontecido e, quem sabe, deixar que nova possibilidade apareça, na esquina, no inesperado ou se reinventar. Ficar preso ao desejo de plenitude e de negação de sua responsabilidade pelo evento não deixa de ser conveniente.*

Conclusões

A infidelidade nos acompanha há muito tempo. Não se trata de uma causa recente para dissolução do casamento ou da união estável. O que mudou foi a forma como ocorre.

Com o avanço da *internet*, surgiu uma nova espécie que é a infidelidade virtual. Diante dessa movimentação da nossa sociedade, tanto nossos doutrinadores com o próprio Poder Judiciário viram-se obrigados a posicionarem-se sobre esse tema. Não havia como deixar de fora do nosso universo jurídico essa triste realidade.

Analisando o tema e, de acordo com o que foi exposto, pode-se concluir que a infidelidade virtual e o consequente rompimento da relação proporcionam mais que abalo sentimental, causando uma grande repercussão nos atributos da personalidade. Assim, surge a discussão quanto à possibilidade de indenizar, em decorrência da infidelidade, ou apenas quando se tratar de grave humilhação e exposição do outro cônjuge.

REFERÊNCIAS

ARAUJO, Ingrid Pinto Cardoso. **Infidelidade Virtual**. Disponível em: http://www.dimitresoares.com.br/2014/10/infidelidade-virtual-por-ingrid-pinto.html Acesso em 28/10/2018

BELFORT, C. G. R. D. A. **A traição como objeto de indenização por danos morais**. Âmbito Jurídico, Rio Grande, mar 2012. ISSN 1518-0360, XV, n. 98. Disponível em: <http://www.ambitojuridico.com.br/site/?n_link=revista_artigos_leitura&artigo_id=11194 &revista_caderno=14>. Acesso em 28/10/2018

Brasil. Código Civil Brasileiro. Disponível em: http://www.planalto.gov.br/ccivil_03/leis/2002/l10406.htm Acesso em 28/10/2018

DINIZ, Maria Helena. **Curso de Direito Civil Brasileiro.** 20ª Ed., São Paulo: Saraiva, 2005

FERNANDES, Fernanda Sell de Couto Goulart e ROSA, Alexandre de Morais. **Amor com dinheiro se paga: Autores divergem sobre indenização por cybertraição.** Disponível em: http://emporiododireito.com.br/leitura/amor-com-dinheiro-se-paga-autores-divergem-sobre-indenizacao-por-cybertraicao. Acesso em 29/10/2018

PEREIRA,Caio Mário da Silva. **Instituições de direito civil**. 18. Ed. Direito de família. Revista e atualizada por Tânia da Silva Pereira. Rio de Janeiro: Forense, 2010.

PEREIRA, Rodrigo Cunha. **Princípios fundamentais norteadores do direito de família**. Belo Horizonte: Del Rey, 2005.

TAMIOZZO, Andressa. **A Infidelidade virtual e o dano moral nos relacionamentos pós-modernos**. Disponível em: http://bibliodigital.unijui.edu.br:8080/xmlui/handle/123456789/2950. Acesso em 27/10/2018

ZAMATARO, Yves. **Efeitos reais da infidelidade virtual**. Disponível em: https://www.migalhas.com.br/dePeso/16,MI199570,91041- Efeitos+reais+da+infidelidade+virtual. Acesso em 27/10/2018

8. DA "BARRIGA DE ALUGUEL", GESTAÇÃO POR SUBSTITUIÇÃO OU CESSÃO TEMPORÁRIA DO ÚTERO NO DIREITO E OS REFLEXOS CAUSADOS PELA ATUAL SOCIEDADE DA INFORMAÇÃO

Introdução

Com o passar do tempo surgiram inúmeras inovações que possibilitaram uma mudança extraordinária na dinâmica de vida dos indivíduos. Até há pouco tempo, seria inviável conceber a ideia de casais inférteis ou estéreis alcançarem a maternidade e a paternidade, senão através da adoção.

Assim é que o tema a ser desenvolvido neste trabalho surge de uma dessas inovações no campo da medicina, ou seja, a reprodução assistida e, consequentemente, a denominada "barriga de aluguel", maternidade de substituição ou cessão temporária do útero.

Trata-se de um assunto que já faz parte de nosso meio e que tem gerado muita polêmica, além de incansáveis discussões, não só entre juristas e doutrinadores, mas também entre religiosos e até em rodas sociais.

A comercialização é uma realidade existente e que vem tomando uma enorme proporção. A própria mídia e a *internet* são grandes responsáveis por isso.

Atualmente, é fácil encontrar anúncios na *internet* de mulheres dispostas a gerar em seus úteros os filhos de outras, em troca de remuneração. Nossa atual legislação é omissa a esse respeito. Assim sendo, não há nada que impeça essa comercialização.

Outro ponto a ser considerado envolve a questão da filiação.

O conceito de família mudou, drasticamente, ao longo dos anos. Em relação ao reconhecimento dos filhos, até há bem pouco tempo o mais comum era a presunção de que "mãe é aquela que pariu o filho". Porém, nas situações de maternidade por substituição, isso cai por terra. O que se deve, efetivamente, levar em conta, além do princípio da afetividade, será sempre o melhor interesse para a criança.

O presente trabalho não pretende esgotar o tema e, tampouco, impor suas conclusões aos leitores. Pretende-se, apenas, levá-los a uma profunda reflexão, e tentar demonstrar a necessidade urgente de sua regulamentação.

1. Breves considerações acerca da filiação

Do latim, *filiatio* traduz-se pela relação de parentesco que se constitui entre pais e filhos em linha reta, gerando o estado de filho.

Para Jorge Shiguemitsu Fujita: (FUJITA, 2011, p.10)

> *Filiação é, no nosso entender, o vínculo que se estabelece entre pais e filhos, decorrente da fecundação natural ou da técnica de reprodução assistida homóloga (sêmen do marido ou do companheiro; óvulo da mulher ou da companheira) ou heteróloga (sêmen de outro homem, porém com o consentimento do esposo ou companheiro; ou o óvulo de outra mulher, com a anuência da esposa ou companheira), assim como em virtude da adoção ou de uma relação socioafetiva resultante da posse do estado de filho.*

Na definição de Maria Helena Diniz, : "*filiação é o vínculo existente entre pais e filhos; vem a ser a relação de parentesco consanguíneo em linha reta de primeiro grau entre uma pessoa e aqueles que lhe deram a vida*" (DINIZ, 2002, p. 372).

Já Pontes de Miranda (2000, p. 45) sustenta que:

> *Filiação é a relação que o fato da procriação estabelece entre duas pessoas, uma das quais nascidas da outra. Chama-se paternidade, ou maternidade, quando considerada com respeito ao pai, ou à mãe, e filiação, quando do filho para qualquer dos genitores.*

Imperioso destacar o princípio da igualdade entre os filhos, estabelecido no art. 227, §6º, da Constituição Federal do Brasil, de 1988, e no art. 1.596 do Código Civil brasileiro. Nessa esteira, por meio desse princípio, é vedado o estabelecimento de distinção acerca do tipo de filiação, sobretudo no que se refere ao filho ser biológico ou não. Dessa forma, cumpre asseverar que cada indivíduo pode constituir a filiação através de vínculos biológicos, da adoção ou até mesmo pelo aspecto afetivo puro.

Quanto à sua origem, a filiação pode ser classificada em matrimonial e extramatrimonial, tendo como elemento fundamental a existência ou não de um casamento válido.

Quanto à natureza, pode ser classificada em jurídica, biológica e socioafetiva.

Conceituamos a filiação jurídica como o "*vínculo paterno-filial reconhecido pela lei.*" (FUJITA, 2011, p. 61)

A filiação socioafetiva (FUJITA, 2011, p. 71) é:

> *aquela consistente na relação entre pai e filho, ou entre mãe e filho, ou entre pais e filho, em que inexiste liame de ordem sanguíneo entre eles, havendo, porém, o afeto como elemento aglutinador, tal como uma sólida argamassa a uni-los em suas relações, quer de ordem pessoal, quer de ordem patrimonial.*

Trata-se de um vínculo tão estável quanto ao do critério biológico. Nele o filho desenvolve em outra pessoa a sua referência materna e paterna, ao passo que estes lhe dedicam amor, proteção e se responsabilizam pelo seu sustento, saúde, educação, lazer.

Já a filiação biológica é aquela que se estabelece pelo sangue (seja por reprodução natural ou carnal ou por técnicas de reprodução humana assistida), entre uma pessoa e seu descendente em linha reta de primeiro grau. A fecundação resultante de reprodução medicamente assistida é utilizada em substituição à concepção natural, quando houver dificuldade ou impossibilidade de a mulher, o homem, ou ambos, de gerar um filho.

Com a denominada gestação de substituição ou cessão temporária do útero (popularmente conhecida como "barriga de aluguel"), temos hipóteses em que, embora o gameta masculino e o feminino sejam provenientes de ambos os pais biológicos, ou apenas de um deles, a gestação ocorre no útero de outra mulher. Tal hipótese tem gerado muita polêmica e acirradas discussões, as quais serão tratadas adiante.

2. Da "barriga de aluguel", gestação de substituição ou cessão temporária do útero

A "barriga de aluguel", gestação de substituição ou cessão temporária do útero, é entendida por muitos doutrinadores como sendo o ato pelo qual uma mulher cede seu útero para a gestação do filho de outra, a quem a criança deverá ser entregue após o nascimento, assumindo a mulher desejosa ou fornecedora do material genético a condição de mãe.

No ensinamento de Meirelles (2004, p. 37):

> *Todas essas expressões traduzem a mesma situação fática e, sob certo ponto de vista, verdadeiramente revolucionária: a gestação de um ser humano, mantida por uma mulher em favor de outra infértil (ou com alguma impossibilidade referente à gravidez), com a finalidade de, logo após o nascimento com vida, ser a criança entregue à interessada, renunciando a gestante, em favor dela, a todos os direitos relativos à maternidade.*

Dessa forma, a maternidade de substituição "*é a prática pela qual uma mulher mantém em gestação uma criança com a intenção de que esta seja entregue, após o parto, a quem com ela pactuou, gratuita ou onerosamente, a desse modo proceder.*" (MEIRELLES, 1998, p. 67)

Em outras palavras, é uma técnica que ocorre quando uma mulher não pode realizar o ciclo da gestação em seu próprio útero. Assim, uma segunda mulher concorda em manter a gestação em favor daquela e se compromete a entregar-lhe a criança, após o parto.

Passagens bíblicas demonstram que a gestação por substituição ou cessão do útero para a satisfação da maternidade não é algo novo. Em Genesis 16, Sara, mulher de Abrão, incapaz de procriar, requisita a ele que lhe proporcione a maternidade por meio de sua escrava Agar. O mesmo se deu em Gênesis 30, em que Raquel, esposa de Jacó, suplica a este que, por intermédio de sua serva Bala, realize seu desejo de maternidade.

A mulher que gesta filho alheio em seu útero e dá à luz um bebê em face de outrem é denominada de mãe substitutiva e os pais biológicos de pais pretendentes.

Essa é uma das modalidades da reprodução assistida, e as partes nesse processo de reprodução são duas: a de uma mulher com ou sem a participação de seu marido ou companheiro, que será a autora do processo; e uma outra mulher que, de forma onerosa ou gratuita, cederá o útero para que se possa desenvolver todo o processo de gestação. ,

A expressão " barriga de aluguel " é criticada por muitos doutrinadores, pois traz a ideia de algo comercializável, de contraprestação, remuneração, o que no caso do Brasil não e permitido. Ainda que não proíba expressamente, assim como ocorre em outros países , nosso ordenamento jurídico ainda se queda silente acerca desse tema.

No Brasil, a única disposição que trata do assunto é a Resolução 2.168/2017, de 10 de novembro de 2017, que revogou a 2.121/2015, do Conselho Federal de Medicina, abordando a gestação por substituição no item VII, intitulado de "Sobre a gestação de substituição (cessão temporária de útero)", trazendo as seguintes diretrizes:

> *As clínicas, centros ou serviços de reprodução assistida podem usar técnicas de RA para criarem a situação identificada como gestação de substituição, desde que exista um problema médico que impeça ou contraindique a gestação na doadora genética, em união homoafetiva ou pessoa solteira.*
>
> *1. A cedente temporária do útero deve pertencer à família de um dos parceiros em parentesco consanguíneo até o quarto grau (primeiro grau – mãe/filha; segundo grau – avó/irmã; terceiro grau – tia/sobrinha; quarto grau – prima). Demais casos estão sujeitos à autorização do Conselho Regional de Medicina.*
>
> *2. A cessão temporária do útero não poderá ter caráter lucrativo ou comercial.*
>
> *3. Nas clínicas de reprodução assistida, os seguintes documentos e observações deverão constar no prontuário da paciente:*
>
> *3.1. Termo de consentimento livre e esclarecido assinado pelos pacientes e pela cedente temporária do útero, contemplando aspectos biopsicossociais e riscos envolvidos no ciclo gravídico-puerperal, bem como aspectos legais da filiação;*
>
> *3.2. Relatório médico com o perfil psicológico, atestando adequação clínica e emocional de todos os envolvidos;*
>
> *3.3. Termo de Compromisso entre o (s) paciente (s) e a cedente temporária do útero (que receberá o embrião em seu útero), estabelecendo claramente a questão da filiação da criança;*
>
> *3.4. Compromisso, por parte do (s) paciente (s) contratante (s) de serviços de RA, de tratamento e acompanhamento médico, inclusive por equipes multidisciplinares, se necessário, à mãe que cederá temporariamente o útero, até o puerpério;*
>
> *3.5. Compromisso do registro civil da criança pelos pacientes (pai, mãe ou pais genéticos), devendo esta documentação ser providenciada durante a gravidez;*
>
> *3.6. Aprovação do cônjuge ou companheiro, apresentada por escrito, se a cedente temporária do útero for casada ou viver em união estável.*

Uma das questões polêmicas, em relação à prática da gestação por substituição, envolve o estudo e a análise da validade das partes celebrarem contrato para reger a relação pactuada entre o casal idealizador do projeto parental e a mulher que cederá o útero para implantação do material genético, e consequente gestação do embrião. Há posições divergentes.

Conforme os arts.1.118 e 1.200 do Código Civil, a figura do contrato é aplicável a coisas móveis e imóveis. Paralelamente, o art. 82 estipula que a condição para a validade do contrato é ter um objeto lícito, que seria aquele objeto do qual o titular poderia dispor. Sendo a vida humana indisponível, conforme a sua inviolabilidade declarada no art.5º, *caput*, da Carta Magna brasileira, consequentemente, não se pode considerá-la como objeto de contrato comercial. Assim, sendo considerado nulo, esse tipo de contrato não seria capaz de trazer segurança alguma àqueles que dele necessitam.

Entretanto, como argumento a favor da legalidade do mesmo, defende-se que o objeto contratual não seria a criança e sim o serviço de locação do útero prestado por terceiro, conforme o princípio da autonomia da vontade. Ainda há que se respeitar o princípio da legalidade, segundo o qual não há barreira legal para o que não for expressamente proibido por lei, caso da adoção da técnica de gestação por substituição.

Como bem leciona Otero (2011), o contrato de gestação por substituição consiste em modalidade peculiar e está adstrito a requisitos de validade, como os demais negócios jurídicos. Torna-se relevante destacar que a diferença substancial desse tipo de contrato consiste no fato de ele estar atrelado a uma questão existencial, e não patrimonial.

Para o referido autor, os requisitos essenciais de validade do contrato de gestação por outrem são mais específicos que os requisitos de validade dos demais contratos, sendo que, além da capacidade das partes, devem existir, cumulativamente, o consentimento qualificado e o interesse legítimo na contratação. Valendo-se desse entendimento o autor afirma:

> *O consentimento das partes excede a simples declaração de vontade. Diferentemente das questões patrimoniais, em que a declaração é suficiente para vincular validamente o seu emitente, nas questões existenciais o consentimento deve ser "pleno, efetivo, nunca presumido, atual, espontâneo, consciente e informado, características nem sempre requeridas com a mesma intensidade para a validade dos contratos, nos quais se registra uma imposição prevalentemente objetiva.*

Ainda mais controverso do que a validade de tal contratação é estabelecer se esta pode se dar de forma onerosa, atribuindo à cedente do útero uma contraprestação pecuniária como retribuição à pratica. Isso porque, além de exigir alto nível de preparo psicológico, consiste em nove meses de dedicação e cuidado contínuos, necessários ao bom desenvolvimento do nascituro. Note-se que o fato de uma pessoa ou casal arcar com as despesas médico-hospitalares derivadas do estado gravídico não pode ser considerado como retribuição, visto que tais despesas se revelam como o ônus intrínseco ao processo.

Sobre esse assunto, é possível verificar o ensinamento de Maria Berenice Dias (2011, p. 379):

> *Apesar desse verdadeiro arsenal de vedações, nada justifica negar a possibilidade de ser remunerada quem, ao fim e ao cabo, presta um serviço a outrem. Aliás, um serviço em tempo integral por longos nove meses e que acarreta dificuldades e limitações de toda ordem.*

Para Rodrigo da Cunha Pereira, é possível comparar a condição da gestante à daquele que trabalha em condições perigosas ou insalubres. Tal trabalho, embora incorra em direto ou indireto risco à vida, é permitido e inclusive é remunerado. Para tanto, afirma (2012, p.12-13):

> *Não seria a mesma lógica a que permite remunerar o empregado no fim do mês pela sua força de trabalho, dependida muitas vezes em condições insalubres ou perigosas, e considerado normal? O que se estaria comprando ou alugando não é o bebê, mas o espaço (útero) para que ele seja gerado. Portanto não há aí uma coisificação da criança ou objetificação do sujeito. [...] A regulamentação de pagamento pelo "aluguel", ou melhor, pela doação temporária de um útero não elimina o espírito altruísta exigido pelo CFM; evitaria extorsões, clandestinidade e até mesmo uma indústria da barriga de aluguel.*

A corrente defensora da contratação apenas na modalidade gratuita concentra seus argumentos na defesa da dignidade da criança, na preservação do consentimento livre e consciente dos contratantes, e na proibição de transações onerosas a respeito do corpo humano e, por conseguinte, do material genético. Com efeito, segundo seus defensores, a atribuição de caráter econômico ao contrato de gestação por outrem violaria o princípio da dignidade da pessoa humana, já que o objeto da contratação está atrelado à personalidade dos contratantes e da própria criança. Por conta disso, não admite contraprestação, representativa de uma mercantilização dessas personalidades. A gestante e principalmente a criança estariam reduzidas a condição de objeto.

Para Guilherme Oliveira: "*a gestação e a entrega do filho, a troco de dinheiro, afeta a dignidade da mulher que venda a sua capacidade reprodutora; e a dignidade do filho que é avaliado em dinheiro e trocado por uma certa quantia.*" (1992, p.45)

Argumenta-se, também, que o pagamento exerceria influência decisiva no consentimento da gestante que, no mais das vezes, não externaria a vontade interna de forma livre, espontânea e absolutamente consciente, como exigem os atos existenciais. Ao contrário, ela o faria de modo viciado, premida pela necessidade, antevendo na gestação por outrem um instrumento para minimizar uma vida de dificuldades.

Em sentido diametralmente oposto, a corrente defensora da onerosidade afirma que não há afronta alguma da dignidade da gestante ou da criança, observando que não se trata de venda ou de mercantilização de crianças, mas apenas da capacidade reprodutiva. A validade ou invalidade do contrato estaria, assim, condicionada à demonstração de que essa exploração seria danosa ou prejudicial à saúde da gestante.

Não há que se falar, em hipótese alguma, em violação à dignidade da criança, já que, ao nascer, terá assegurado um lar, no seio de uma família que a ama, que a respeita, e que lhe proporcionará condições emocionais e socioeconômicas para o pleno desenvolvimento de sua personalidade.

Enfim, são inúmeros os argumentos favoráveis e contrários à onerosidade do contrato de cessão de útero, mas, em suma, para os defensores da gratuidade da gestação por outrem, a contraprestação financeira nulifica a contratação. Instalado eventual conflito positivo de maternidade, bastaria à mulher geradora demonstrar o caráter oneroso da contratação para viciá-la e, consequentemente, suprimir-lhe os efeitos, assegurando, pela via torpe, a permanência com a criança. Ao revés, a geradora que aceitou a contratação por altruísmo estará adstrita aos termos do contrato, sem direito ao arrependimento, já que válida e eficaz a contratação.

Sob essa perspectiva do direito ao arrependimento, a contratação onerosa seria infinitamente mais vantajosa para a geradora do que a contratação gratuita, o que não faz o menor sentido jurídico. Semelhante postura fere a ética, viola a boa-fé, inverte completamente os valores, quebra o próprio sistema, indo de encontro ao razoável, razão pela qual não restaria alternativa senão emprestar juridicidade à contratação onerosa, até como mecanismo de inibição de posturas contraditórias e, principalmente, fraudes.

3. A questão da filiação em caso da "barriga de aluguel"

No tocante à filiação, o ordenamento jurídico brasileiro estabelece o parentesco por consanguinidade (natural), , o vínculo entre mãe/pai ascendente, e filho descendente; e o parentesco civil, proveniente de um processo de adoção, ou de uma relação socioafetiva.

Dispõe o art. 1.593 do Código Civil: "*O parentesco é natural ou civil, conforme resulte de consanguinidade ou de outra origem*" (BRASIL, 2002). Contudo, no caso de barriga de aluguel, não há lei que regulamente a filiação da criança.

De fato, a "barriga de aluguel", gestação de substituição ou cessão temporária de útero, abalou o tradicional conceito de família e, principalmente, o da paternidade/maternidade.

O pai ou a mãe, atualmente, não se definem apenas pelos laços biológicos que os unem ao menor, e sim pela vontade externada de ser pai ou mãe. Passa a ser uma questão que vai além do vínculo biológico e se caracteriza pela demonstração da vontade de assumir responsabilidades e deveres em face dessa filiação, principalmente, com demonstrações de afeto ao menor.

Cai por terra o princípio segundo o qual a maternidade é sempre certa. A própria inexistência de legislação específica no Brasil dificulta a solução de conflitos de maternidade que podem surgir nessas situações, tendo em vista que a mãe pode ser a que está gestando o filho, ou pode ser a que forneceu o óvulo para fecundação, ou ainda ser a que recebeu o óvulo de uma terceira pessoa, e que contratou a mãe portadora para gestá-lo.

Os dispositivos do Código Civil em vigor que tratam da matéria ainda são insuficientes para abranger todas as situações que podem surgir, na utilização desses procedimentos.

Na opinião de Sílvio de Salvo Venosa (2007, p.22):

> *Quanto à maternidade, deve ser considerada mãe aquela que teve o óvulo fecundado, não se admitindo outra solução, uma vez que o estado de família é irrenunciável e não se admite transação. Nem sempre será essa, porém, uma solução eticamente justa e moralmente aceita por todos. A discussão permanece em aberto. Muito difícil poderá ser a decisão do juiz ao se deparar com um caso concreto. Tantos são os problemas, das mais variadas ordens, inclusive de natureza psicológica na mãe de aluguel, que o mesmo projeto de lei sobre reprodução assistida citado, em tramitação legislativa, proíbe a cessão do útero de uma mulher para a gestação de filho alheio, tipificando inclusive essa conduta como crime. Sem dúvida, essa é a melhor solução. No entanto, a proibição não impedirá que a sociedade e os tribunais defrontem com casos consumados, ou seja, nascimentos que ocorreram dessa forma, impondo-se uma solução quanto à titularidade da maternidade. Sob o ponto de vista do filho assim gerado, contudo, é inafastável que nessa situação inconveniente terá ele duas mães, uma biológica e outra geratriz. Não bastasse os conflitos sociológicos e psicológicos, os conflitos jurídicos serão inevitáveis na ausência de norma expressa.*

Para Arnaldo Rizzardo (2014):

> *Tradicionalmente, ou segundo as leis vigentes, a verdadeira mãe é aquela que dá à luz à criança, ou a que pariu. [...]. Tal concepção, no entanto, não pode ser acolhida. Nos tempos atuais, não revela um caráter de verdade sólida, diante do fato da fecundação artificial. E nesta forma de procriar a vida, partiu-se para um fundamento da paternidade ou maternidade diferente da tradicional. A paternidade ou maternidade passou a fundar-se em nova explicação: o ato preciso da vontade.*

Em tese, devem ser levados em consideração o contrato tácito entre as partes, quem doou o material genético e sob quais condições, assim como quem irá arcar com os riscos da gravidez durante os nove meses e, acima de tudo, o melhor interesse para a criança. Somente após toda essa análise, poder-se-á chegar a alguma conclusão, pois o tema carece, ainda, de mais estudos e, principalmente, legislação.

É certo que a gestação de substituição pode gerar diversos problemas. Entre eles destaca-se eventual recusa da gestadora em entregar a criança ao casal titular do direito procriativo, deixando de cumprir com o acordo realizado. Podem-se destacar, ainda, hipóteses em que casais recusam-se a receber a criança, após o parto, ante a ocorrência de moléstia ou grave patologia (Oliveira, 2014).

4. Da "barriga de aluguel", gestação de substituição ou cessão temporária do útero no direito penal

Conforme foi dito anteriormente, o Brasil não admite a possibilidade de remuneração nas hipóteses de gestação de substituição ou cessão temporária de útero. Tanto é que não admite a expressão "barriga de aluguel". Focando apenas nos reflexos penais dessa conduta, podemos afirmar que os envolvidos no "negócio" em questão correm sério risco de enfrentar um processo criminal.

O primeiro delito a ser cogitado diz respeito ao art. 238 do Estatuto da Criança e do Adolescente, que prevê punição àquele que "*Prometer ou efetivar a entrega de filho ou pupilo a terceiro, mediante paga ou recompensa.*" A pena, no caso, é de reclusão de um a quatro anos, e multa. Para esse caso, responde tanto a mãe biológica, como autora, como os pais "contratantes" e aqueles que viabilizarem o contrato, estes últimos na condição de coautores ou partícipes.

Destaca-se, por fim, que o Código Penal prevê, em seu art. 245, §1º, a possibilidade de punição à mãe biológica da criança que vier a entregar "*filho menor a pessoa em cuja companhia saiba ou deva saber que o menor fica* ***moral ou materialmente em perigo.***" Dada a necessária demonstração do descrédito moral ou material dos pais contratantes, entende-se que esse crime é de difícil aplicação para a hipótese ora analisada. De toda forma, vale relembrar que a pena prevista para esse delito, na hipótese de lucro, varia de 1 a 4 anos de reclusão e multa. (GOULART, 2018)

5. Da "barriga de aluguel", gestação de substituição ou cessão temporária do útero no direito estrangeiro

Diferentemente do Brasil, na Índia permite-se a cobrança, quando da prática da maternidade de substituição. Como não há lei que regulamente o assunto, casais que têm dificuldades para engravidar se dirigem até aquele país, que possui diversas clínicas especializadas, e pagam pelo uso de um útero.

Assim como na Índia também na Ucrânia, desde 2002 é permitido que a maternidade de substituição tenha caráter oneroso. Todavia, o uso da "barriga de aluguel" só é permitido para casais formados por homem e mulher – e que sejam casados há pelo menos dois anos. A única proibição imposta até há pouco tempo era a geração de crianças para casais homoafetivos.

Reportando-se à Ucrânia, um dos países mais pobres da Europa, ela vem se tornando destino cada vez mais procurado por quem busca uma "barriga de aluguel". A remuneração pelo serviço, legalizado no país, tem atraído muitas jovens para o negócio – e o aumento da oferta gera temor de que as mulheres possam estar sendo exploradas em clínicas e agências.

Nos Estados Unidos, a cessão temporária do útero tanto é permitida como também é entendida dentro da noção de negócio jurídico contratual. Nesse sentido, demonstra Valdemar Pereira da Luz (2009, p. 174) que "*as decisões judiciais vêm adotando o critério contratualista, decidindo as demandas propostas pelos pais contratantes a favor deles, obrigando-se a mãe gestante (biológica) à entrega da criança.*"

O Reino Unido proíbe a gestação por outrem na modalidade onerosa, mas a admite na modalidade gratuita, desde que o consentimento da gestante se aperfeiçoe seis semanas após o parto. Canadá e Grécia adotam regras semelhantes, condicionando a contratação à gratuidade e ao consentimento qualificado que, no Canadá, pode ser aperfeiçoado somente após os vinte e um anos de idade da gestante e, na Grécia, mediante autorização judicial (OTERO, 2010).

Já na Argentina não há regulamentação sobre a prática da maternidade de substituição. Todavia, tramita um projeto no Congresso, o qual estabelece que a gestação por substituição deve ser aprovada por um juiz antes de o embrião ser implantado. O magistrado solicitará certificados médicos e psicológicos que atestem a boa saúde da gestante, e seu consentimento livre, pleno e informado. (VALENTE, 2013, p. 7).

Em Portugal, diferentemente de todos os outros países citados, há uma lei que dispõe especificamente sobre a maternidade de substituição: a Lei n. º 58, de 25 de julho de 2017, traz determinações acerca da procriação medicamente assistida. Seu artigo 8º preceitua que:

> 1 – *Entende -se por «gestação de substituição» qualquer situação em que a mulher se disponha a suportar uma gravidez por conta de outrem e a entregar a criança após o parto, renunciando aos poderes e deveres próprios da maternidade.*
>
> 2 – *A celebração de negócios jurídicos de gestação de substituição só é possível a título excecional e com natureza gratuita, nos casos de ausência de útero, de lesão ou de doença deste órgão que impeça de forma absoluta e definitiva a gravidez da mulher ou em situações clínicas que o justifiquem.*
>
> 3 – *A gestação de substituição só pode ser autorizada através de uma técnica de procriação medicamente assistida com recurso aos gametas de, pelo menos, um dos respetivos beneficiários, não podendo a gestante de substituição, em caso algum, ser a dadora de qualquer ovócito usado no concreto procedimento em que é participante.*
>
> 4 – *A celebração de negócios jurídicos de gestação de substituição carece de autorização prévia do Conselho Nacional de Procriação Medicamente Assistida, entidade que supervisiona todo o processo, a qual é sempre antecedida de audição da Ordem dos Médicos e apenas pode ser concedida nas situações previstas no n. 2.*
>
> 5 – *É proibido qualquer tipo de pagamento ou a doação de qualquer bem ou quantia dos beneficiários à gestante de substituição pela gestação da criança, exceto o valor correspondente às despesas decorrentes do acompanhamento de saúde efetivamente prestado, incluindo em transportes, desde que devidamente tituladas em documento próprio.*
>
> 6 – *Não é permitida a celebração de negócios jurídicos de gestação de substituição quando existir uma relação de subordinação económica, nomeadamente de natureza laboral ou de prestação de serviços, entre as partes envolvidas.*

6. A influência da atual sociedade da informação nos processos de "barriga de aluguel"

Assistir à televisão, falar ao celular, movimentar a conta pela *Internet*, pagar contas, verificar multas de trânsito, comprar roupas, trocar mensagens com o outro lado do planeta, pesquisar e estudar são hoje atividades cotidianas, no mundo inteiro e no Brasil.

Rapidamente nos adaptamos a essas novidades e passamos a viver na Sociedade da Informação. Trata-se de uma nova era em que a informação flui a velocidades e em quantidades inimagináveis há apenas poucos anos, assumindo valores sociais e econômicos fundamentais.

A sociedade da informação não é um modismo; representa uma profunda mudança na organização da sociedade. Tem relação direta com a revolução tecnológica – especialmente a *internet.* A rede mundial de computadores trouxe em seu bojo consequências para todas as esferas da sociedade, tendo sido, talvez, uma das maiores revoluções da coletividade contemporânea. (OLIVEIRA, 2011)

A *internet* trouxe consigo um novo modelo midiático, calcado em uma forma de comunicação abrangente e transnacional, rompendo as fronteiras físicas/territoriais dos países conectados, por meio das chamadas infovias, autoestradas do conhecimento. Trata- se de mais uma forma de comunicação de massa, apta a exercer influência sobre o comportamento humano. (DESGUALDO, 2014)

A mídia, não há dúvida, exerce influência sobre as massas desde o surgimento do rádio e da televisão, especialmente na atual sociedade da informação, na qual se expandem as comunicações interpessoais e em tempo real, por meio da *Internet.*

Tanto a mídia quanto a *internet* têm contribuído consideravelmente para a repercussão do tema: "barriga de aluguel". Tamanha foi a repercussão causada pela mídia, a ponto de influenciar pessoas e, inclusive, celebridades, como Cristiano Ronaldo, Michael Jackson, Elton John e Rick Martin. Novelas trataram desse tema.

A primeira ocorreu nos anos de 1990/1991. Tratava-se de uma obra da autora Glória Perez, denominada " Barriga de Aluguel". Abordava a história de um casal que, depois de várias tentativas frustradas, optou por alugar o útero de outra mulher, para que gerasse uma criança, mediante pagamento em dinheiro.

À época, a novela gerou fortes discussões, em todos os meios, sobre quem deveria ficar com a criança, a mãe biológica ou a de aluguel, a ponto desse impasse chegar aos Tribunais. Há que se considerar a extensão do poder de influência que as novelas possuem na vida dos brasileiros.

A *internet*, por sua vez, tem contribuído de maneira significativa para o aumento do número de mulheres que procuram ganhar dinheiro com tal procedimento. Muitas recorrem a *sites* nacionais e até internacionais, indicando disponibilidade, preços e condições. Basta pesquisar, por exemplo, o site "*surrogatefinder.com*".

Mulheres com idades que variam de 20 a 45 anos montam seus perfis e colocam as próprias fotos, dos filhos e da família. Porém, o objetivo da apresentação, obviamente não é fazer amigos, mas dar aos casais ou solteiros interessados nos serviços ali oferecidos uma amostra de seu fenótipo, perfil genético e, dependendo do caso, capacidade de gestação.

Algumas se oferecem para doar óvulos para mulheres inférteis ou a casais homossexuais que queiram realizar o sonho de ter um filho – prática que pode lhes render de US$ 8 mil a US$ 50 mil. Outras estão dispostas a carregar bebês de outras mulheres – serviço pelo qual pode-se ganhar até US$ 100 mil nos EUA.

Uma estudante brasileira da Universidade de Edimburgo, por exemplo, afirmou estar disposta a doar óvulos, para pagar um curso de pós-graduação. Uma professora de inglês de Santa Catarina disse necessitar do dinheiro da doação, para ajudar a sustentar a filha. E, ainda, uma estudante de psicologia do Espírito Santo ofereceu-se para carregar o filho de outra mulher, porque o marido ficara desempregado. Todas mencionam também uma razão altruísta para a oferta: a vontade de ajudar casais com problemas de fertilidade a realizar o sonho de ter filhos. (COSTAS, 2012)

Outros anúncios, todavia, são mais explícitos:

> *"Cedo meu útero por R$ 30 mil em dinheiro e um carro a partir do ano de 2012."*
> *"Alugo barriga por R$ 50 mil para terminar de construir minha casa."*
> *"Se você não tiver dinheiro, mas puder me arrumar um emprego, alugo meu útero sem custos."*

Vale ressaltar, novamente, que essas transações comerciais são proibidas no Brasil.

Não se pode dizer que sem a *internet* os casos não aconteceriam, mas, certamente, ficariam limitados a um número menor. Por meio dela acelera-se a comunicação, movimentando as informações de forma extremamente rápida. O fato de se ter um número cada vez maior de pessoas acessando a rede possibilita que uma informação atinja pessoas que, de outra forma, não teriam esse acesso facilitado. A informação, nesse ambiente, gira o mundo em segundos e isso tem dado suporte, também, para o crescimento de casos de "barriga de aluguel" no Brasil, e em todo o sistema social global. (CAVALCANTI; SCHWARTZ, 2011).

Há quem defenda, todavia, que quem faz ou contrata barriga de aluguel não pode ser punido, uma vez que não há legislação sobre o tema. Justificam esse entendimento sob o fundamento de que não caberia prisão, porque essa prática não está tipificada na lei.

7. Posicionamento dos tribunais brasileiros

Os tribunais brasileiros têm se mostrado bastante acolhedores em se tratando de temas relacionados à barriga de aluguel.

Em uma ação, o Ministério Público do Paraná alegou ter havido negociação da gravidez aos sete meses de gestação, e moveu ação para decretar a perda do poder familiar da mãe biológica e anular o registro de paternidade. A justiça do Paraná deu provimento à ação e determinou a busca e apreensão da criança, menor de cinco anos, que deveria ser levada a abrigo e submetida à adoção regular.

A criança havia sido registrada como filha do pai de aluguel e da mãe biológica, que é uma prostituta. Vivia, desde recém-nascida, com o pai e sua esposa, uma vez que esta não tinha condições de engravidar.

Todavia, após o processo subir ao Superior Tribunal de Justiça, o Ministro Luis Felipe Salomão entendeu que toda a situação havia sido analisada tão somente com base na conduta do pai registral e da mãe biológica, sendo que não havia sido observado o melhor interesse da criança. Sob esse prisma, o melhor era que a criança permanecesse com os pais, com direito à visitação pela mãe biológica, já que, com base no princípio do melhor interesse da criança, era melhor que esta permanecesse com o pai que a registrou, ao invés de ser colocada no sistema de adoção. (STJ, 2014)

Em outro processo, o Tribunal de Justiça do Estado de Santa Catarina manifestou entendimento no sentido que:

> *Formalidades não essenciais, aparências e preconceitos não podem preponderar sobre o melhor interesse da criança, impedindo-lhe de obter o reconhecimento jurídico daquilo que já é fato: o status de filha e integrante legítima do núcleo familiar formado pelos pares homoafetivos.*

Nesse caso, o Ministério Público interpôs recurso contra sentença que reconheceu um casal homoafetivo como pais de uma menina, fruto de inseminação artificial com gestação por substituição, sendo um deles pai biológico. A mãe doou os óvulos e cedeu o útero para a gestação. Logo após o nascimento, renunciou, por meio de escritura pública, ao poder familiar com relação à infante. O Ministério Público alegou que o magistrado o impediu de se manifestar acerca da questão de fundo da demanda, e que a hipótese retratada no caso é de adoção unilateral, o que transfere a competência para análise à Vara da Infância e Juventude.

Para o Desembargador Domingos Paludo, relator, em seu voto, não se tratava de adoção unilateral, já que "*a menina em questão jamais sofreu abandono ou rejeição*", mas era fruto de um projeto de montagem de uma família com os avanços que a Ciência atualmente alcançou na área da reprodução humana. Paludo entendeu que, já que a mulher que gestou a criança abriu mão do poder familiar, "*afigura-se desnecessário o manejo de ação de adoção unilateral e, igualmente, declinar a competência para processar e julgar o presente feito à Vara da Infância e Juventude*".

Acrescenta que a ideia de que o reconhecimento da maternidade ou da paternidade provém, exclusivamente, da existência de vínculo biológico, é "arcaica". Assim, observado o princípio do interesse superior da criança, impõe-se conferir a dupla paternidade e suprimir qualquer identificação acerca da gestante no registro de nascimento da menina, a fim de adequar a situação jurídica da infante à realidade vivenciada e planejada com o objetivo de constituir família, cujos vínculos nascem na socioafetividade.

Finaliza, ressaltando que as famílias há muito deixaram de ter a figura convencional de marido, mulher e filhos, tornando-se, ao longo das transições pelas quais passa a Humanidade, qualquer agrupamento entre pessoas que se unem por afinidades e vínculos de amor e afeto. Ele destacou, ainda, que a menina, além de um lar amoroso, oriundo de dois pais que muito a desejaram, receberia a proteção e circunstâncias favoráveis a um desenvolvimento saudável. (IBDFAM, 2015)

Conclusões

Por tudo que foi exposto, resta evidente que a comercialização das chamadas "barrigas de aluguel" é uma realidade existente e de grande repercussão em nossa sociedade, merecendo maior atenção dos nossos legisladores e, consequentemente, de regulamentação. Atualmente, dispomos apenas da Resolução do Conselho Federal de Medicina, citada anteriormente, que não se mostra suficiente para abordar todos os aspectos desse tema.

Há necessidade urgente de se trazer maiores garantias e direitos às partes envolvidas na relação, mesmo que seja decorrente da comercialização. Se a prática existe na realidade, por que não haver legalização? A falta de legislação ou sua proibição não impedirão que essa comercialização deixe de existir. Resta evidente o poder da mídia e da *internet* na repercussão desses procedimentos. De fato, não há prova alguma de que legalizar a gestação por substituição a manterá longe da indústria comercial.

Muitos consideram uma verdadeira exploração que a mulher carregue uma criança por nove meses e então a doe, considerando as mudanças necessárias de hábitos, transformações físicas por que passam, eventuais riscos de infertilidade, ter vários problemas relacionados à gravidez e até a morte. Quaisquer transações comerciais envolvem riscos. Toda mulher tem pleno conhecimento dos eventuais riscos de uma gravidez. Por que, então, ser diferente?

Acreditam que essa mulher seja apenas utilizada como uma hospedeira. Todavia, há que se discordar desse posicionamento. Não estamos diante de coação e sim de um livre e manifesto desejo de alguém que cede temporariamente um útero, percebendo ou não valores monetários sobre tal "transação".

Todas as relações envolvem transações econômicas, de modo que a gestação por substituição ou cessão temporária do útero é mais um fato que envolve custos e despesas, sem mencionar no dano estético que poderá acarretar à gestante. Logo, é plenamente aceitável a contraprestação financeira por aqueles que buscam a "barriga de aluguel".

O que se percebe é um falso moralismo cercando esse tema, seja pelos religiosos ou por conservadores que se recusam a aceitar a evolução de nossa sociedade, em pleno século XXI. Há países que já dispõem, inclusive, de empresas que cuidam de todos os trâmites jurídicos e das questões médicas envolvidas no processo, incluindo a escolha da "mãe de aluguel". No Brasil, já existe uma empresa israelense com escritório ativo.

De acordo com Vicente Viladarga (2019), o mercado de barriga de aluguel é pequeno, mas crescente. No Brasil, já são 47 bebês nascidos no exterior por meio dessa empresa, que tem outros 44 processos em andamento. Entre 2017 e 2018, houve um crescimento de 35,3%, de 17 para 23, no número de crianças brasileiras nascidas em úteros de substituição no exterior. A maioria dos casais que buscam o serviço tem mais de 35 anos e todos já passaram por algum tratamento de fertilidade. "É um negócio que está crescendo no Brasil e no mundo inteiro.

Como bem citado por Eluã Marques de Oliveira: (2015):

> *De igual modo, com a elevação das uniões estáveis homoafetivas ao patamar de família, crescerá, na medida em que aumentam os casais homoafetivos, a busca por empréstimo temporário de útero, uma vez que esses casais desejam ter filhos, sejam adotivos ou biológicos, sendo que para que estes últimos se concretizem é necessária uma genitora, de modo que o procedimento em muitas situações se dará mediante pagamento.*
>
> *Portanto, o direito não pode ser omisso quanto à crescente demanda social por regulação no que tange ao empréstimo temporário do útero, devendo, desse modo, traçar procedimentos e formas de contratos, estipulando valores e condições de realização do pacto.*

REFERÊNCIAS

BRASIL. Código Penal Brasileiro. Disponível em: http://www.planalto.gov.br/ccivil_03/decreto-lei/del2848compilado.htm Acesso em 14/06/2019

BRASIL. Conselho Regional de Medicina. **Resolução Nº 2.168, de 2017**. Disponível em: https://www.legisweb.com.br/legislacao/?id=352362. Acesso em 06/06/2019

BRASIL. **Estatuto da Criança e do Adolescente**. Disponível em: http://www.planalto.gov.br/ccivil_03/leis/l8069.htm. Acesso em 14/06/2019

BRASIL. IBDFAM. Instituto Brasileiro de Direito de Família. **TJSC mantém sentença que reconheceu dupla paternidade em caso de inseminação artificial e útero de substituição.** Disponível em: https://ibdfam.jusbrasil.com.br/noticias/206580456/tjsc-mantem-sentenca-que-reconheceu- dupla-paternidade-em-caso-de-inseminacao-artificial-e-utero-de-substituicao. Aceso em: 27/06/2019

BRASIL. **Lei n. 10.406/02. Disponível em:** http://www.planalto.gov.br/ccivil_03/leis/2002/l10406.htm . Acesso em 10/06/2019

BRASIL. Superior Tribunal de Justiça. **Criança nascida de barriga de aluguel será mantida com pai que a registrou.** Disponível em: https://stj.jusbrasil.com.br/noticias/112326986/crianca-nascida-de-barriga-de-aluguel-sera- mantida-com-pai-que-a-registrou. Acesso em: 27/06/2019

CAVALCANTI, Ana Elizabeth Lapa Wanderley; SCHWARTZ, Germano. **Gestação de Substituição na Sociedade da Informação: Situação Fática e Legal no Direito Brasileiro**. Disponível em: https://www.fdsm.edu.br/adm/artigos/53310a909eb7b991f3775e96ecb05b41.pdf Acesso em: 25/06/2019

COSTAS, Ruth. **Brasileiras vendem óvulos e barrigas de aluguel a estrangeiros na internet.** Disponível em: https://www.estadao.com.br/noticias/geral,brasileiras-vendem-ovulos-e-barrigas-de- aluguel-a-estrangeiros-na-internet,925635. Acesso em 26/06/2019

DESGUALDO,Juliana Leandra Maria Nakamura Guillen. **Dimensionamento do Poder da Mídia na sociedade da Informação.** Disponível em: https://www.usjt.br/revistadireito/numero-2/13-juliana-leandra.pdf Acesso em 17/06/2019

DIAS, Maria Berenice. **Manual de Direito das Famílias.** 8ª ed. rev. e atual. São Paulo. RT, 2011.

DINIZ, Maria Helena. **Curso de Direito Civil Brasileiro**. 12. ed. São Paulo: Saraiva, 1997. v. 5.

FUJITA, Jorge Shiguemitsu. **Filiação**. 2.ed. São Paulo: Atlas, 2011.

GOULART, Douglas Lima; LAGONEGRO JUNIOR, Rinaldo Pignatari. **Barriga de aluguel e Direito Penal.** Disponível em: http://adfas.org.br/2018/03/29/barriga-de-aluguel-e-direito-penal/ Acesso em 14/06/2019

LUZ, Valdemar P. da. **Manual de Direito de Família**. Barueri: Manole, 2009. MEIRELLES, Jussara Maria Leal de. **Gestação por outrem e determinação da maternidade ("mãe de aluguel").** Curitiba: Gênesis, 1998.

— **Reprodução Assistida e Exame de DNA: Implicações Jurídicas**. Curitiba: Gênesis, 2004.

MIRANDA, Francisco Pontes de. **Tratado de Direito Privado**. Campinas: Bookseller, 2000. v. 9, tomo 1.

OLIVEIRA, Eluã Marques. **BARRIGA DE ALUGUEL: Uma análise à luz do novo ordenamento jurídico brasileiro.** Disponível em: https://www.jurisway.org.br/v2/dhall.asp?id_dh=15298. Acesso em: 27/06/2019

OLIVEIRA, Guilherme Freire Falcão. **Mãe há só uma (duas)! O contrato de gestação**, Coimbra: Coimbra Editora, 1992, p. 45.

OLIVEIRA, Letícia Gabrielly Carneiro. **Influência da mídia brasileira em processos de "barriga de aluguel"**. Disponível em: https://www.direitonet.com.br/artigos/exibir/8314/Influencia-da-midia-brasileira-em- processos-de-barriga-de-aluguel. Acesso em: 14/06/2019

OLIVEIRA, Rodolpho Silva. **A sociedade da informação: princípios e relações jurídicas.** In: **Âmbito Jurídico**, Rio Grande, XIV, n. 95, dez 2011. Disponível em: http://www.ambitojuridico.com.br/site/?n_link=revista_artigos_leitura&artigo_id=10792&revista_caderno=17. Acesso em: 25/06/2019

OTERO, Marcelo Truzzi. **Contratação da Barriga de Aluguel Gratuita e Onerosa – Legalidade, Efeitos e o Melhor Interesse da Criança**. Disponível em: http://pasquali.adv.br/public/uploads/downloads/microsoft_word_contratosgestacionais_27_01_2010.pdf. Acesso em: 07/06/2019

PEREIRA, Rodrigo da Cunha. **Direito de Família: Uma abordagem psicanalítica**. 4. ed. Belo Horizonte: del Rey, 2012.

PORTUGAL, **Lei n. º 58/2017 de 25 de julho.** Disponível em: http://www.cnpma.org.pt/Docs/Legislacao_Lei_58_2017.pdf Acesso em: 07/06/2019

RIZZARDO, Arnaldo. **Direito de Família.** 8. ed. Rio de Janeiro: Forense, 2014 VALENTE, Marcela. **Argentina legalizará barriga de aluguel. Empresas e Negócios,** São Paulo, 08 mar. 2013. Internacional, 2º Caderno, p. 7.

VENOSA, Silvio de Salvo. **Direito Civil: direito de família**. 7. ed. São Paulo: Atlas, 2007 VILARDAGA, Vicente. **Os novos destinos para o aluguel de barrigas.** Disponível em: https://istoe.com.br/os-novos-destinos-para-o-aluguel-de-barrigas/. Acesso em: 26/06/2019

ZAMATARO, Yves. **Da barriga de aluguel, gestação de substituição ou cessão temporária do útero no Direito brasileiro.** Disponível em: https://www.migalhas.com.br/dePeso/16,MI183018,71043- Da+barriga+de+aluguel+gestacao+de+substituicao+ou+cessao+temporaria. Acesso em: 14/06/2019

9.
SEQUESTRO INTERPARENTAL DE CRIANÇAS E ALIENAÇÃO PARENTAL: DA APLICAÇÃO DA CONVENÇÃO DE HAIA AO PRINCÍPIO DA RESIDÊNCIA HABITUAL

Introdução

O fenômeno da globalização fez com que o deslocamento de indivíduos se tornasse cada vez mais fácil graças ao acesso aos meios de transporte internacionais. Por outro lado, o surgimento de famílias multinacionais fez crescer exponencialmente os problemas gerados por essas relações. É comum um brasileiro se mudar para o exterior, ali fixar residência e constituir família, como fazem também estrangeiros ao virem para o Brasil e se fixarem no país . O problema ocorre, quando um desses genitores resolve voltar ao seu país de origem, sem informar ao cônjuge abandonado que está levando ilegalmente a criança do casal.

Todos os anos, centenas de meninos e meninas são sequestrados por um dos pais em vários países do mundo. O assunto, pouco discutido na mídia, causa desespero em diversas pessoas que chegam a passar décadas sem ter nenhuma informação sobre o paradeiro do filho.

O problema maior consiste na dificuldade em recuperar a criança sequestrada, que, na maioria das vezes, tem seu destino ignorado e a parte interessada não conta com o apoio da autoridade local, isto é, do país onde a criança se encontra. Quando localizada, por mais irregular que seja tal circunstância (do deslocamento da criança sequestrada), o processo resulta na não devolução dela.

Além disso, o sequestro internacional de menores, normalmente, está atrelado à alienação parental, uma vez que o genitor sequestrador, aproveita-se desse ato iniciando uma série de práticas para desqualificar e distorcer a imagem do outro genitor. Essa situação causa graves conseqüências não só ao genitor abandonado, mas, principalmente, ao menor que foi sequestrado de sua residência habitual e separado deste.

Diante de tal gravidade, a Convenção de Haia sobre os Aspectos Civis do Sequestro Internacional de Crianças, internalizada no ordenamento jurídico brasileiro, através do Decreto nº. 3.413, de 14 de abril de 2000, surge como um diploma propenso a solucionar o conflito causado ao genitor abandonado que possui o direito de guarda, e enfrenta uma série de dificuldades para reaver a guarda de seu filho.

1. Sequestro internacional de crianças

O Sequestro (ou Subtração) Internacional de Crianças, Rapto Parental, *Abduction, Parental Kidnapping são* denominações distintas para definir o mesmo tipo de conduta, qual seja: a criança é retirada do país onde vive sem o consentimento de um dos genitores ou, quando autorizada a saída da criança, ela não retorna no tempo previsto, após um período de férias, por exemplo.

O termo "sequestro" foi adotado pelo Brasil ao traduzir o texto da Convenção de Haia, de 1980, do qual é signatário e que tem vigência no país, desde 2000. O uso desse termo, contudo, é controverso, principalmente dentro da área jurídica, uma vez que não corresponde ao tipo previsto na legislação civil ou penal. Isso porque, a figura penal do "sequestro" está ligada à subtração de pessoas, com o objetivo de obter dinheiro ou vantagem financeira. (GONÇALVES, 2019)

Para o Direito Internacional, "sequestro internacional de crianças" diz respeito à transferência ou retenção ilícita, ou seja, aquela que viola direito de guarda efetivamente exercido, de uma criança por seus pais, tutores ou parentes próximos para um país diferente daquele de sua residência habitual. (BARBOZA, 2012)

De fato, podemos entender o sequestro internacional de crianças ou sequestro interparental como o deslocamento ilegal da criança, de seu país e/ou sua retenção indevida em outro local que não seja o de sua residência habitual.

O sequestro pode ser decorrente de várias causas: "manifestação doentia do exercício do poder familiar", uma forma de "provocar o cônjuge com uma atitude vingativa, uma vingança final sobre o outro parceiro", ou uma forma de "fugir dos maus tratos", "violência doméstica", entre outros, enfim, revelando especial beligerância na disputa pela custódia da criança.

No contexto da globalização e do considerável aumento do número de famílias transnacionais, o sequestro interparental geralmente ocorre em três ocasiões: a primeira, ainda durante o casamento, quando há convivência entre os cônjuges e, portanto, a guarda é normalmente exercida por ambos; a outra, quando o casal já se encontra separado e um deles, antes da formalização do divórcio e da determinação judicial da guarda, decide, unilateralmente, deixar o país de residência com os filhos e sem o consentimento, ou mesmo o conhecimento, do outro; a terceira ocorre quando, após a determinação da guarda, o genitor preterido resolve subtrair a criança e levá-la para junto de si, longe daquele que a detinha legalmente.

A segunda e terceira hipóteses possuem a mesma base temporal, que é o momento pós-separação. Nesses casos, geralmente há um conflito ou desentendimento entre o casal, fato que prejudica a convivência entre ambos e destes com os filhos, fazendo com que um deles opte por medidas radicais em franca violação ao direito de convivência do outro. Após o divórcio e a determinação da guarda, quando ocorre o sequestro, aquele que foi preterido geralmente aproveita do exercício do direito de visita para fugir com a criança. (CARNEIRO e NAKAMURA, 2015)

As principais vítimas dessas situações são e sempre foram especialmente crianças – sujeitas a conseqüências perigosas e prejudiciais – que a partir do momento em que retiradas de casa, muitas vezes, são conservadas longe de coexistências sociais, impossibilitadas de criar vínculos de amizade e culturais, matriculadas em escolas alternadas e com utilização de nomes fictícios

A transferência forçada de um menor para um país diferente traz diversos problemas para o seu desenvolvimento e bem-estar. Por exemplo, a criança poderá ter dificuldades sociais e linguísticas para se adaptar ao novo país, além da perda de seu ambiente familiar e da relação com a mãe ou pai abandonado.

Da mesma forma, aquele que foi abandonado, além de sofrer com o sequestro de seu filho, enfrenta muitas dificuldades. Antes da Convenção, e ainda hoje nos países não signatários, após descobrir onde está a criança, o genitor que deseja o seu retorno deveria propor uma ação de guarda no país para onde o menor foi levado, que tende a privilegiar aquele que nele reside, ou seja, que transferiu a criança ilegalmente.

2. Convenção de Haia sobre aspectos civis do sequestro internacional de crianças

A Convenção de Haia de 1980 sobre Aspectos Civis do Sequestro Internacional de Crianças é um dos instrumentos mais adotados pela comunidade internacional. Em julho de 2019, 76 Estados eram signatários da Convenção (HAGUE CONFERENCE ON PRIVATE INTERNATIONAL LAW, 2019)

O sequestro internacional de menores é praticado, normalmente, por um dos genitores ou membro da família extensa que, sem a autorização do outro genitor ou guardião e em desrespeito ao direito de guarda e de visitas deste, retira a prole do seu país de 'residência habitual' para retê-la em outro Estado (ZAGANELLI, REIS e PARENTE, 2018).

A Convenção, baseada no fato de que a transferência ou retenção ilegal é prejudicial à criança, tem como objetivo providenciar o retorno da criança ao seu país de residência habitual, ao seu "status quo" anterior à transferência ou retenção, para que o juiz daquele país decida sobre a guarda.

A Convenção não visa, como alguns supõem, a devolução da criança ao genitor abandonado, mas sim o encaminhamento do menor à autoridade competente, pois o juiz ou autoridade do seu local de residência habitual dispõem de melhores meios para colher provas e avaliar quem está mais apto a receber a sua guarda, visto que é este o local em que a criança tinha sua vida, seus relacionamentos, sua escola, etc.

Além disso, a Convenção também tem como objetivo que os países signatários respeitem os direitos de guarda e de visita fixados em outro país signatário. Desta forma, o país que receber uma criança ilegalmente transferida deverá devolvê-la a seu país de residência habitual para que seja fixada a sua guarda ou para que se possa exercer o direito de guarda previamente fixado.

Para a aplicação da Convenção, três requisitos devem estar presentes:

1. O país de residência habitual da criança e o país para o qual foi levada aderiram à Convenção;
2. A criança em questão é menor de 16 anos de idade;
3. A criança foi "ilicitamente transferida ou retida", em violação do direito de guarda, nos termos da lei do Estado da residência habitual da criança.

É importante ressaltar que uma transferência ilícita não tem o poder de mudar a residência habitual da criança, pois isso não apenas legitimaria o ato do genitor que ilicitamente a transferiu ou reteve, como também retiraria qualquer efeito que pudesse ser alcançado pela Convenção.

Nos casos em que a criança tiver perdido sua residência habitual, a Convenção não se aplicará. Por exemplo, uma família que vive no Brasil e planeja se mudar permanentemente para os Estados Unidos, contudo, antes da mudança, o pai remove ilicitamente o filho para a Bélgica. Caso a mãe efetivamente se mude para os Estados Unidos, não poderá solicitar o retorno da criança, pois esta nunca teve como residência habitual os Estados Unidos, onde se encontra a mãe.

Estatui o art. 1º da Convenção de Haia de 1980 que seu objeto é a) assegurar o retorno imediato de crianças ilicitamente transferidas para qualquer Estado Contratante ou nele retiradas indevidamente; b) fazer respeitar de maneira efetiva nos outros Estados Contratantes os direitos de guarda e de visita existentes num Estado Contratante.

Ao se verificar uma situação de sequestro, a pessoa cujo direito de guarda foi violado poderá fazer um pedido de retorno da criança ao seu país de residência habitual. Contudo, para que a Convenção seja aplicada, esse pedido deve ser realizado até um ano depois da transferência ou retenção; após esse prazo ela não mais se aplica.

A Convenção determina que cada Estado membro deve indicar uma autoridade central que receberá o pedido de restituição; no Brasil, a autoridade central indicada é a secretaria especial de direitos humanos. Ao receber o pedido de retorno, a Autoridade Central, em primeiro lugar, confirmará a presença dos requisitos já mencionados acima.

Confirmada a possibilidade de aplicação da Convenção, a Autoridade Central busca a criança e o genitor que a transferiu ou reteve ilicitamente e tenta promover o retorno amigável do menor. Caso o genitor recuse a restituição amigável, e não se verifique nenhuma das exceções ao retorno da criança, a Autoridade Central, (no caso do Brasil, através da Advocacia Geral da União), promoverá ação judicial requerendo o cumprimento da Convenção e o imediato retorno do menor. Sendo o pedido julgado procedente, proceder-se-á a restituição da criança ao país de residência habitual, cabendo ao juiz desse país decidir sobre a sua guarda, tendo em vista que esta não poderá ser discutida pela Convenção.

O único mérito analisado pela Convenção é o do sequestro, ou seja, os processos baseados na Convenção analisam os requisitos necessários para a sua aplicabilidade, mas não podem analisar o mérito sobre a guarda do menor. (BARBOZA, 2012)

Todavia, cabe ressaltar situações excepcionais em que a regra do retorno da criança à sua residência habitual não ocorre.

A primeira exceção prevista no art. 12, da Convenção de Haia de 1980, relaciona-se à adaptação da criança ao novo meio, que é verificada se o genitor abandonado, ciente da localização da criança, só formalizar o pedido de retorno decorrido um ano apòs a subtração, e a criança estiver inserida no novo território que passou a ser sua nova "residência habitual". Restará configurado que o retorno da criança trará prejuízos a seu bem-estar. A contagem do prazo se inicia com a data em que o genitor abandonado tomar ciência do paradeiro da criança e termina com a data do pedido administrativo ou judicial para o retorno desta, sendo ignorado o tempo de tramitação do processo (MARTINS, 2013).

O art. 13, alínea 'a', primeira parte da Convenção, prevê que o genitor subtrator pode se opor ao retorno da criança, se o genitor abandonado não preenche o requisito previsto no art. 3º, do mesmo tratado multilateral, ou seja, o exercício do direito de visitas e de guarda da criança (BRAUNER, 2015).

Além disso, no art. 13, alínea 'a', segunda parte do mesmo tratado, a exceção fundamenta-se na 'boa-fé' que rege as relações familiares e, dessa forma, não deve ocorrer o regresso da criança caso o genitor requerente tenha concordado, sem qualquer vício do consentimento, prévia ou posteriormente, com o deslocamento da criança para outro Estado (MARTINS, 2013).

Na hipótese do retorno da criança ensejar na sua submissão à situação de risco físico ou psíquico, atual e concreta, é possível a permanência no país de refúgio, conforme exceção presente no art. 13, alínea 'b', da Convenção de Haia de 1980 (SILVA e MADEIRA, 2016).

Para Mazzuoli e Mattos (2015), essa exceção deve ser 'restritivamente' interpretada – sob pena de corromper o objetivo da Convenção e inviabilizar a sua aplicação. Cabe ao magistrado do Estado requerido considerar os riscos e, se existentes (ou não), admitir a possibilidade de o Estado requerente aplicar medida protetiva à criança, quando esta retornar, tanto diante de problemas regionais (guerras, fome e catástrofes naturais), como de problemas intrafamiliares (abuso sexual, violência doméstica e exploração infantil).

No art. 13, §2º, da Convenção de Haia de 1980, é assegurado o respeito à manifestação de vontade da criança que expressa livremente o desejo de permanecer no local em que reside, mesmo que a sua vontade implique no distanciamento do antecedente abandonado (MARTINS, 2013).

Ocorre que a opinião da criança deve ser sopesada com a sua maturidade e a possível influência do genitor subtrator (CIDRÃO, MUNIZ e SOBREIRA, 2018; TIBÚRCIO e CALMON, 2014; DUARTE, 2010).

A última exceção, inserida no art. 20 da Convenção, pode ser argüida, se o retorno da criança acarretar na violação dos seus direitos fundamentais, da sua liberdade individual ou dos princípios fundamentais do Estado requerido.

A adesão do Brasil como Estado-Membro se deu a partir de sua publicação, pelo Decreto Nº 3.413, de 12 de abril de 2000, publicado no Diário Oficial da União de 13 de abril de 2000. O Brasil não foi signatário da Convenção sobre Sequestro de Crianças, mas aderiu ao texto em 1999, após a aprovação da adesão por meio do Decreto Legislativo n. 79, de 15 de setembro de 1999, o que deu origem à remessa da Carta de Adesão do Estado brasileiro, assinada em 27 de setembro de 1999. O Ministério dos Negócios Estrangeiros do Reino dos Países Baixos confirmou o depósito do instrumento de adesão em 19 de outubro de 1999, bem como a entrada em vigor da Convenção para o Brasil em 1º de janeiro de 2000.

Para os países signatários da Convenção de Haia, todavia, o Brasil tem um padrão de descumprimento do tratado, com uma tendência preocupante em tratar casos da Convenção com decisões sobre guarda, e muitas vezes negando os pedidos sob a constatação de que as crianças se tornaram adaptadas à cultura brasileira. No país, em se tratando de questões envolvendo direito de família, há uma clara preferência em se conceder a custódia para as mães, sobre pais, e aos cidadãos brasileiros, sobre os estrangeiros. Quando uma criança nascida no exterior tem um dos genitores nacional brasileiro, ao ingressar no Brasil torna-se automaticamente cidadã brasileira, mesmo que esse ingresso seja ilegal, por ter ela sido sequestrada; e, por se tornar cidadã brasileira, a justiça nacional entende muitas vezes que ela não deve sair do país.

3. A alienação parental sob o contexto do sequestro internacional de crianças

Antes de enfrentar o tema propriamente dito, cabe tecer algumas considerações acerca do conceito de Alienação Parental e Síndrome da Alienação Parental.

Para muitos doutrinadores, a alienação parental e a síndrome da alienação parental não se confundem, pois afirmam que a segunda se origina da primeira, ou seja, a síndrome é consequência da alienação parental.

A Síndrome da Alienação Parental (SAP) foi constatada pela primeira vez em 1987, nos Estados Unidos, pelo médico psiquiatra Richard Gardner, que começou a dedicar-se ao estudo dos sintomas que as crianças desenvolviam diante das separações litigiosas. Percebeu, então, que, em muitos casos, um dos genitores tramava para que a imagem do outro genitor ficasse "manchada" aos olhos do filho.

Em 1985, Gardner a definiu como sendo:

> um distúrbio da infância que aparece quase exclusivamente no contexto de disputas de custódia de crianças. Sua manifestação preliminar é a campanha denegritória contra um dos genitores, uma campanha feita pela própria criança e que não tenha nenhuma justificação. Resulta da combinação das instruções de um genitor (o que faz a "lavagem cerebral, programação, doutrinação") e contribuições da própria criança para caluniar o genitor-alvo. Quando o abuso e/ou negligência parentais verdadeiros estão presentes, a animosidade da criança pode ser justificada, e assim a explicação de Síndrome de Alienação Parental para a hostilidade da criança não é aplicável.(Gardner, 2002 *apud* Leite, 2010, p. 11)

Segundo Maria Berenice Dias: (2008, p.103)

> A síndrome de Alienação Parental é um transtorno psicológico que se caracteriza por um conjunto de sintomas pelos quais um genitor, denominado cônjuge alienador, transforma a consciência de seus filhos, mediante diferentes formas e estratégias de atuação, com o objetivo de impedir, obstaculizar ou destruir seus vínculos com o outro genitor, denominado cônjuge alienado, sem que existam motivos reais que justifiquem essa condição. Em outras palavras, consiste num processo de programar uma criança para que odeie um de seus genitores sem justificativa, de modo que a própria criança ingressa na trajetória de desmoralização desse mesmo genitor.
>
> As estratégias de alienação parental são múltiplas e tão variadas quanto a mente humana pode conceber, mas a síndrome possui um denominador comum que se organiza em torno de avaliações prejudiciais, negativas, desqualificadoras e injuriosas em relação ao outro genitor, interferências na relação com os filhos e, notadamente, obstaculização de visitas ao alienado.

> Esse amplo quadro de desconstrução da imagem do outro pode incluir, por exemplo, falsas denúncias de abuso sexual ou de maus tratos, invocados para impedir o contato dos filhos com o genitor odiado, programando o filho de forma contundente até que passe a acreditar que o fato narrado realmente aconteceu.

Priscila M. P. Corrêa da Fonseca orienta que: (2007, P.07)

> A síndrome refere-se à conduta do filho que se recusa, terminantemente e obstinadamente, a ter contato com um dos genitores e que já sofre com o rompimento de seus pais, ou seja, é uma patologia referente à criança e uma forma de abuso emocional por parte do genitor alienador. Já a alienação parental é o afastamento do filho em relação ao genitor visitante, provocado pelo titular da guarda, ou seja, relaciona-se com o processo desencadeado pelo guardião que intenta arredar o outro genitor da vida do filho.

A síndrome da alienação parental, diferentemente da alienação parental, só ocorre quando a criança passa a nutrir um sentimento de rejeição ao genitor alienado, e, consequentemente, passa a evitá-lo. Portanto nada mais é do que o resultado de uma alienação parental grave, sendo considerada um subtipo da mesma. Ou seja, a síndrome refere-se à conduta do filho, enquanto a alienação parental relaciona-se com o processo desencadeado pelo alienador. (QUIRINO, 2016)

No Brasil, o assunto ganhou força em decorrência da promulgação da lei 12.318, de 26 de agosto de 2010, da qual o art. 2º estabelece que:

> Considera-se ato de alienação parental a interferência na formação psicológica da criança ou do adolescente promovida ou induzida por um dos genitores, pelos avós ou pelos que tenham a criança ou o adolescente sob a sua autoridade, guarda ou vigilância para que repudie genitor ou que cause prejuízo ou estabelecimento ou à manutenção de vínculo com este.

Essa lei surgiu da necessidade urgente de se conferir maiores poderes aos juízes, a fim de se preservar direitos fundamentais da criança e do adolescente, vítimas de abusos causados por seus responsáveis, punindo ou inibindo eventuais descumprimentos dos deveres inerentes à autoridade parental, ou decorrentes da tutela ou da guarda do menor.

Mais adiante, em seu parágrafo único, encontramos algumas formas exemplificativas de alienação parental:

I – Realizar campanha de desqualificação da conduta do genitor no exercício da paternidade ou maternidade;
II – Dificultar o exercício da autoridade parental;
III – Dificultar o contato da criança ou adolescente com genitor;
IV – Dificultar o exercício do direito regulamentado de convivência familiar;
V – Omitir deliberadamente a genitor informações pessoais relevantes sobre a criança ou adolescente, inclusive escolares, médicas e alterações de endereço;
VI – Apresentar falsa denúncia contra genitor, contra familiares deste ou contra avós, para obstar ou dificultar a convivência deles com a criança ou o adolescente;
VII – Mudar o domicílio para local distante, sem justificativa, visando a dificultar a convivência da criança ou adolescente com o outro genitor, com familiares deste ou com avós.

Vale ressaltar que não se trata de rol taxativo, havendo a possibilidade, ainda, de atos diversos declarados pelo Juiz ou constatados por perícia.

As consequências da SAP são gravíssimas: suas vítimas são mais propensas a:

a) Apresentar distúrbios psicológicos como depressão, ansiedade e pânico;
b) Utilizar drogas e álcool como forma de aliviar a dor e a culpa;
c) Cometer suicídio;
d) Não conseguir uma relação estável quando adultas;
e) Possuir problemas de gênero, em função da desqualificação do genitor atacado;
f) Repetir o mesmo comportamento quando tiver filhos.

Apesar do assunto já ter chegado aos nossos Tribunais Superiores, a Lei n. 12.318 ainda é pouco aplicada perante o Judiciário. Isso decorre da falta de conhecimento específico dessa Síndrome e abrange não só advogados, como juízes, promotores, psicólogos e assistentes sociais.

Todavia, constatada a alienação, caberá ao Juiz:

a) Fazer com que o processo tramite prioritariamente;
b) Determinar medidas que preservem a integridade psicológica da criança ou adolescente;
c) Determinar a elaboração, urgente, de laudo pericial;
d) Advertir o alienador;
e) Ampliar a convivência da vítima com o genitor prejudicado, podendo-se até determinar eventual alteração da guarda para compartilhada ou, ainda, invertê-la;
f) Estipular multa ao alienador;
g) Determinar acompanhamento psicológico e/ou biopsicossocial.

No tocante a essas medidas repressivas, a lei não trouxe nenhuma inovação significativa, valendo-se de mecanismos já existentes nos art. 129, incisos III, VII, X c/c art. 213, parágrafo 2º do ECA – Estatuto da Criança e do Adolescente.

Note-se que essas medidas, analisando-se caso a caso, poderão ser tomadas independentemente de eventual responsabilização civil ou criminal do alienador, levando-se em conta o grau de evolução da Síndrome de Alienação Parental e sua natureza punitiva.

Essa Lei, desde o início, gerou debates calorosos e muita controvérsia entre os dou trinadores do Direito. Em julho de 2019, a CDH – Comissão de Direitos Humanos e Legislação Participativa, do Senado, promoveu audiência pública para debater o PLS 498/18, que revoga a LAP.

Em se tratando da alienação parental, sob o contexto da subtração internacional de menores, cabe tecer algumas considerações. Quem lida com conflitos familiares pode entender que, em virtude de sua retirada ilícita do país de origem, o menor não tem qualquer condição de decidir sobre o que deseja, seja pelas limitações de idade, seja pela fragilidade do seu estado emocional.

Assim, na alienação pararental, além das questões afetivas, há o receio de deixar a criança com o outro genitor e, por consequência, com as práticas culturais, o idioma e as crenças religiosas do país em que este reside e, dessa forma, cada genitor busca atrair a prole para o 'seu lado' (SKOLER, 1998, *apud* CARNEIRO e NAKAMURA, 2015).

Dessa forma, nos casos de subtração internacional de crianças, é comum que um dos pais, com o intuito de interromper ou destruir o vínculo afetivo da criança com o outro genitor, execute diversas medidas para o desqualificar e desabonar frente à criança, caracterizando a alienação parental (ZAGANELLI, REIS e PARENTE, 2018).

Há quem afirme que ela nada mais é que um 'sequestro psicológico' da criança que, sob uma perspectiva desvirtuada da realidade, acredita que seus pensamentos são ideias próprias e não cruelmente implantadas por uma espécie de 'lavagem cerebral' realizada pelo genitor alienador, de vez que este se torna a sua única referência afetiva.

Logo, as crianças e os adolescentes, vítimas de alienação parental:

> [...] sentem-se amedrontados na presença do outro. Ao não verem mais o genitor, sem compreenderem a razão do seu afastamento, os filhos sentem-se traídos e rejeitados, não querendo mais vê-lo. Como consequência, sentem-se desamparados e podem apresentar diversos sintomas. Assim, aos poucos se convencem da versão que lhes foi implantada, gerando a nítida sensação de que essas lembranças de fato aconteceram. Isso gera contradição de sentimentos e destruição do vínculo paterno-filial. Restando órfão do genitor alienado, acaba o filho se identificando com o genitor patológico, aceitando como verdadeiro tudo que lhe é informado. (DIAS, 2016, p. 908)

Uma das características da alienação parental é, certamente, a prática da calúnia e da denunciação caluniosa, pois o genitor alienador comumente acusa o genitor alienado de, supostamente, ter cometido violência sexual contra a criança e que, portanto, representaria um risco para esta.

Outras faces da alienação parental podem ser verificadas, quando o genitor alienador inventa para a prole fatos pejorativos sobre o outro, não compartilha informações a respeito dos filhos, altera a residência da criança e cria empecilhos para o exercício do poder familiar pelo outro progenitor. (ZAGANELLI, REIS e PARENTE, 2018)

No contexto da subtração internacional de crianças, a própria modificação arbitrária da 'residência habitual' é considerada uma prática de alienação parental, tendo em vista a barreira que se cria entre a criança e o genitor alienado, considerando-se a distância existente entre eles e, principalmente, o sentimento de abandono da criança.

Em vista disso, para justificar e legitimar a retenção e a retirada ilícita do menor do seu país de residência habitual:

> (...) é comum que o subtrator influencie-o a conceber o outro genitor numa perspectiva ruim para que ela alegue sempre ficar com aquele que a subtraiu. A criança afastada, de um de seus pais, não poderá conhecer

o genitor abandonado e nem tecer suas próprias críticas a respeito deste (ZAGANELLI, REIS e PARENTE, 2018, p. 203).

Destarte, a alienação parental gera reflexos diretos na análise das exceções à aplicação da Convenção de Haia de 1980 sobre os Aspectos Civis do Sequestro Internacional de Crianças, principalmente se a 'opinião' da criança, vítima de alienação parental, servir como subsídio exclusivo para a permanência no Estado de refúgio (CARNEIRO e NAKAMURA, 2015; TIBURCIO e CALMON, 2014), ou se for aceita a tese de existência de situação de grave risco, porque o genitor subtrator pode ter alterado a verdade dos fatos perante os tribunais do país requerido (DEL'OLMO, 2015).

4. Casos reais de sequestro interparental

Talvez o caso mais conhecido no Brasil, e que culminou em um conflito diplomático entre Brasil e Estados Unidos, foi o do menino Sean Goldman, filho de mãe brasileira e pai norte-americano. Ocorreu entre os anos de 2004 e 2009.

Em um breve resumo, David Goldman, cidadão norte-americano, e a cidadã brasileira, Bruna Bianchi, se casaram na cidade de Nova Jérsei, nos Estados Unidos. Dessa união, sobreveio o nascimento de um filho, Sean Goldman, em 25 de maio do ano de 2000.

Em 2004, Bruna, que possuía família no Estado do Rio de Janeiro, trouxe o filho para o Brasil, com a autorização temporária do pai, sob o pretexto de que permaneceria apenas durante o período de duração das férias escolares do menor Sean. Porém, findo o prazo da autorização concedida por David, Bruna reteve Sean em território brasileiro, ilicitamente.

David Goldman, então, rapidamente acionou a Justiça norte-americana, visando o retorno do filho aos Estados Unidos. A Corte Estadual de Nova Jérsei determinou que Bruna comparecesse em Juízo, para prestar informações sobre os motivos de impedir que David exercesse a guarda da criança, do contrário, estaria configurado caso de sequestro internacional de criança, nos termos da Convenção de Haia de 1980. A despeito da decisão, Bruna permaneceu com o filho no Brasil.

Inconformado, David ingressou com ação de busca, apreensão e restituição do menor perante a Justiça Estadual do Rio de Janeiro, obtendo decisão desfavorável. Dois foram os principais argumentos utilizados para embasar a decisão: o longo lapso temporal entre a transferência da criança ao Brasil e o julgamento da ação teriam ensejado a adaptação da criança no novo país em que se encontrava; e que o seu retorno aos Estados Unidos poderia lhe ocasionar graves danos psíquicos. Nota-se que tais fundamentos estão presentes no art. 12 da Convenção de Haia, como exceções ao retorno do menor ao seu país de residência habitual.

Paralelamente à ação de busca, apreensão e restituição ajuizada por David Goldman, Bruna Bianchi pleiteou, também perante a Justiça Estadual do Rio de Janeiro, o direito de guarda exclusiva do filho e divórcio unilateral do marido, obtendo decisão favorável em ambos os pleitos.

Pouco tempo depois, Bruna contraiu novo matrimônio com um brasileiro e faleceu ao dar à luz á filha mais nova. Isso levou o padrasto de Sean a propor ação de reconhecimento de paternidade socioafetiva, cumulada com posse e guarda, a fim de continuar a exercer a guarda da criança em território brasileiro.

Em virtude das tentativas malsucedidas de retorno do filho, David Goldman acionou o Governo Americano, para que adotasse as medidas cabíveis, a fim de viabilizar o retorno do seu filho aos Estados Unidos. A Autoridade Central norte americana, então, efetuou pedido de cooperação internacional à Secretaria Especial de Direitos Humanos da Presidência da República brasileira. Nesse contexto, em virtude do interesse da União, a Advocacia Geral da União (AGU) moveu ação de restituição obrigatória e imediata da criança, nos termos da Convenção de Haia, em face do padrasto de Sean Goldman, João Paulo Bagueira Leal Lins e Silva, perante a Justiça Federal.

Diante dos fatos, em razão do ajuizamento de duas ações paralelas, uma em trâmite perante a Justiça Federal, e outra perante a Vara de família da Justiça Estadual do Rio de Janeiro, foi suscitado conflito de competência e encaminhados os autos ao Superior Tribunal de Justiça. A batalha judicial teve desfecho na véspera de Natal de 2009, quando o Ministro do STF, Gilmar Mendes, concedeu guarda ao pai, que levou o menino de volta para os Estados Unidos.

Foi necessária a intervenção e reunião entre o então presidente da República do Brasil, Luiz Inácio Lula da Silva, o Presidente dos Estados Unidos, Barack Obama, e a Secretária de Estado norte americano, à época, Hillary Clinton, para que se chegasse a um entendimento comum, na tentativa de viabilizar o retorno imediato da criança aos Estados Unidos, a fim de dar cabo a uma disputa judicial traumática, longa e conturbada. (EJCHEL, 2019)

Outro caso que gerou tensão diplomática, entre o Brasil e os Estados Unidos, envolveu o menor Nicolas Brann.

Desde que Marcelle Guimarães deixou os Estados Unidos com seu filho, em julho de 2013, ela e o ex-marido americano Christopher Brann travam uma disputa internacional pela guarda do menino que hoje tem nove anos. O embate pode se transformar em razão de atrito diplomático.

A situação se tornou ainda mais grave, quando, em fevereiro de 2018, os pais de Marcelle foram presos no aeroporto de Miami, acusados de cumplicidade no sequestro internacional do menor, Nicolas Brann. Eles foram condenados pela Justiça de Houston, no Texas, e agora esperam a definição da pena.

Marcelle, de 40 anos, é natural de Salvador e trabalha como administradora de empresas. Mudou-se para Houston, para fazer mestrado, e se casou em 2008 com Brann, médico clínico geral. Sobre os anos de casamento, a brasileira afirma que o ex-marido demonstrava comportamento sexual compulsivo, atestado por terapeutas, e abusava dela física e psicologicamente. Os dois se divorciaram em 2012, quando ainda nos Estados Unidos começou a batalha pela guarda de Nico, como Marcelle costuma chamar seu filho.

Após um processo conturbado, com muitas trocas de acusações, a Justiça americana determinou a guarda compartilhada. Em junho de 2013, Marcelle conseguiu, por meio de um acordo com Christopher, viajar para Salvador com o menino. A brasileira, contudo, não voltou mais aos Estados Unidos, e foi acusada pela Promotoria americana de sequestro internacional de menor.

No Brasil, ela pediu a guarda exclusiva de Nicolas ao Tribunal de Justiça da Bahia, em Salvador, requerimento que lhe foi concedido em 22 de julho de 2013. Diante do processo, Brann apresentou uma denúncia de sequestro internacional na Justiça Federal, em Salvador.

O caso já foi julgado em duas instâncias. O Judiciário brasileiro considerou que, apesar da **Convenção de Haia** determinar, em casos como esse, o retorno imediato da criança ao país de origem, existia risco em deixar o menor aos cuidados do pai, nos Estados Unidos.

A ação aberta pelo americano na Justiça brasileira tem por base a Convenção de Haia, da qual o Brasil e os Estados Unidos são signatários. Em casos de sequestro de menor por um dos genitores, o tratado é claro ao determinar o retorno imediato da criança ao país onde morava. É o Judiciário de lá que deve estabelecer com quem fica a guarda.

Contudo, a convenção também estabelece algumas exceções. Por exemplo: se criança está sujeita a sofrer violência, quando retornar ao seu país, ou se correr algum outro tipo de risco. Quem decide a volta ou não da criança para o país de origem é a Justiça Federal do lugar onde o menor está.

No caso de Nicolas, o Judiciário brasileiro reconheceu, nas duas primeiras instâncias, que a decisão de Marcelle de fugir com a criança foi equivocada. Porém estabeleceu que o menino não poderia retornar ao país, porque já estava adaptado ao novo ambiente e porque o pai apresentava comportamento violento e compulsão sexual, representando risco físico ou psicológico para a criança.

A Justiça Estadual da Bahia estabeleceu o direito de visita de Christopher a Nico. O pai pode ver a criança, quando estiver em Salvador, em dias alternados, sem direito a pernoite, e sempre com a supervisão de seguranças armados. Além disso, o americano tem direito a duas sessões de Skype semanais, também supervisionadas, para conversar com o menino. Todavia, de acordo com informações prestadas pelo advogado de Christopher, desde a prisão dos avós de Nicolas, a sua família tem impedido o seu contato com o filho. (BRAUM, 2018)

Por fim, podemos citar outro caso relevante, ocorrido em 1993, na cidade de Manchester, na Inglaterra. Um pai desesperado, pois a filha de apenas dois anos, estava desaparecida. Descobre-se, mais tarde, que a responsável pelo sumiço seria a mãe da criança. Dezoito anos mais tarde, esse pai, o britânico Joe Chisholm, conseguiu reencontrar a filha, sequestrada pela ex-companheira, que, à época dos fatos, havia perdido a batalha pela guarda da menina.

Patrícia O'Byrne, mãe da criança, viajara com ela para o Canadá e pretendia nunca mais dar notícias da criança ao pai. Por longos 18 anos, Chisholm fez tudo que estava a seu alcance para reencontrar a filha. Postou vídeos e fotos na internet, procurou instituições que trabalham com cadastros de crianças desaparecidas e entrou em contato com órgãos de outros países. Patrícia O'Byrne foi presa em dezembro de 2011, em Vitória, na Colúmbia Britânica, em razão do sequestro da filha. (GUTH, 2016)

5. Lei Sean e David Goldmam

Foi sancionada pelo presidente dos Estados Unidos da América, Barack Obama, em agosto de 2014, a Lei Sean e David Goldman, que prevê a retaliação, pelo Estado americano, a países que descumprirem a aplicação da Convenção de Haia sobre aspectos civis do sequestro internacional de crianças.

A lei atribui ao Estado americano poderes para exercer pressões diplomáticas como, por exemplo, aplicar a reciprocidade na não devolução das crianças que tenham sido transferidas ou retidas ilicitamente nos Estados Unidos, bem como reduzir a quantidade de vistos para países que se apresentem em desconformidade com relação à aplicação da Convenção. Essas iniciativas têm a finalidade de mobilizar as autoridades internacionais a entenderem a necessidade de urgência e solução da situação do menor subtraído, em respeito ao princípio do melhor interesse da criança.

A promulgação da lei foi uma das soluções encontradas pelos Estados Unidos, no sentido de reforçar a aplicação da Convenção de Haia, e fazer com que os demais estados signatários de fato se responsabilizem pelo compromisso internacional, ratificado perante a comunidade internacional.

Conclusões

A Convenção, como tratado multilateral, procurou estabelecer uma solução uniforme para os casos de sequestro internacional, adotando a política de restituição, para combater a transferência ou retenção ilícita de crianças com até 16 anos pelos seus responsáveis. Assim, considerou-se que a medida a preservar o interesse superior da criança seria devolvê-la ao país de residência habitual, onde havia construído laços de convivência e aderido aos costumes, salvo nas exceções mencionadas anteriormente.

Todavia, para os Estados-Membros dessa Convenção, nosso país ainda é visto como descumpridor de seus termos, ao possuir forte tendência em tratar casos com decisões de guarda contrárias, sob o fundamento de que as crianças envolvidas se adaptaram à cultura do país.

Infelizmente, no Brasil, há uma clara tendência em se conceder a guarda dos filhos às mães, em detrimento dos pais, bem como dos cidadãos brasileiros em detrimento aos estrangeiros, o que nem sempre parece ser a decisão mais correta. Fato é que o conflito existente entre os genitores da criança, alvo de sequestro, tende a trazer sérias consequências ao menor, em especial de ordem psíquica e social, principalmente em decorrência da alienação parental a que é submetida.

Dessa forma, cabe ao Estado, por meio da legislação existente, tratar do tema com o maior cuidado possível, analisando caso a caso individualmente, considerando suas peculiaridades, estando ciente de que se trata de questão absolutamente delicada e que afeta, de forma abrangente, todo o seio familiar. É preciso respeito pelo Estado, mas, também, pela sociedade e, principalmente, pela família ao princípio do melhor interesse da criança, uma vez que ele sempre será a melhor forma de evitar e resolver os conflitos parentais. Retirar a criança do lugar que reconhece como casa, da sua família, amigos, rotina e atividades, acima de tudo é um ato de crueldade e absoluta covardia, e não deve ser admitido.

Nosso país necessita de regras e punições mais severas, pois estamos diante de uma situação de extrema gravidade. A Alienação Parental, decorrente do sequestro internacional de menores é, além de tudo que foi exposto, um desrespeito não só ao direito fundamental infanto-juvenil à convivência familiar saudável, como dispõe o artigo 3º da Lei n. 12.318, mas, também, a muitos dos direitos da personalidade da criança e/ou do adolescente.

Nossa legislação se apresenta ineficaz, na prática, face à estrutura atual do Poder Judiciário, que ainda não apresenta ferramentas suficientes para a constatação da alienação parental.

De fato, nosso Poder Judiciário sofre com a ausência de profissionais nas áreas de psicologia e psiquiatria, sem contar os assistentes sociais. Há, também, o despreparo de grande parte dos órgãos de proteção à criança e ao adolescente para lidar com essa questão, assim como casos envolvendo o sequestro interparental. Nosso processo, além de ineficaz, é moroso, o que dificulta a resolução de conflitos dessa natureza. É preciso maior conhecimento, mais profissionais especializados, mais celeridade e, principalmente, maior conscientização desse problema.

REFERÊNCIAS

BARBOZA, Júlia Zomignani. **A Convenção de Haia sobre os Aspectos Civis do Sequestro Internacional de Crianças.** Disponível em: https://www.jurisway.org.br/V2/dhall.asp?id_dh=7492. Acesso em: 06/05/2020

BRAUN, Julia. **Disputa de guarda de criança causa tensão diplomática entre Brasil e EUA.** Disponível em: https://veja.abril.com.br/mundo/disputa-de-guarda-de-crianca-causa-tensao-diplomatica-entre-brasil-e-eua/. Acesso em: 08/05/2020

CARNEIRO, Cynthia Soares; NAKAMURA, Eliane Miki Tashiro. **Sequestro Civil de Crianças e Adolescentes: as famílias transnacionais nos tribunais brasileiros e o avanço da cooperação jurídica nacional.** Disponível em: http://www.mpsp.mp.br/portal/page/portal/documentacao_e_divulgacao/doc_biblioteca/bibli_servicos_produtos/bibli_boletim/bibli_bol_2006/RTrib_n.962.07.PDF. Acesso em: 08/05/2020.

DIAS, Maria Berenice. **Incesto e Alienação Parental**. São Paulo: RT, 2008, p. 103.

—. ***Manual de Direito de Família.*** São Paulo: Editora Revista dos Tribunais, 2016.

EJCHEL, Mauricio. **O Sequestro Internacional de Sean Goldman.** Disponível em: https://mauricioflankejchel.jusbrasil.com.br/artigos/746091853/o-sequestro-internacional-de-sean-goldman. Acesso em: 06/05/2020

FONSECA, Priscila M. P. Corrêa Da. **Síndrome da Alienação Parental**. In: Revista de Direito de Família. Porto Alegre: Síntese, IBDFAM, v. 8, n. 40, fev.-mar. De 2007, p. 07.

GONÇALVES, Mariluce. **Sequestro Interparental: "Sequestro" de filhos pelos pais/mães** Disponível em: https://lucenatorres.jusbrasil.com.br/artigos/713948677/sequestro-interparental-sequestro-de-filhos-pelos-pais-maes?ref=serp. Acesso em 07/05/2020

GUTH, Flávia. **Sequestro e alienação parental: um ato de violência contra os filhos.** Disponível em: https://www.metropoles.com/colunas-blogs/pensar-direito/sequestro-e-alienacao-parental-um-ato-de-violencia-contra-os-filhos?amp. Acesso em: 06/05/2020

HAGUE CONFERENCE ON PRIVATE INTERNATIONAL LAW. *Status Table.* Disponível em: https://www.hcch.net/fr/publications-and-studies/fr/instruments/conventions/status-table/?cid=24>. . Acesso em: 06/05/2020.

LEITE, Giselly Guida. **A Medicalização da Família através da Síndrome da Alienação Parental.** Monografia. Curso de Psicologia. Faculdades Integradas Maria Thereza. Niterói, 2011. Disponível em: https://sites.google.com/site/alienacaoparental/textos-sobre-sap/MonografiaGisele.pdf. Acesso em: 06/05/2020.

MÉRIDA, Carolina Helena Lucas. **Sequestro Interparental: O Novo Direito das Crianças**. Disponível em: https://www.justica.gov.br/sua-protecao/cooperacao-internacional/subtracao-internacional/arquivos/sequestro-interparental-o-novo-direito-das-criancas.pdf Acesso em 07/05/2020

https://thaiquirino.jusbrasil.com.br/artigos/333802511/sindrome-da-alienacao-parental?ref=serp Acesso em: 06/05/2020

ZAGANELLI, Margareth Vetis, REIS, Adrielly Pinto dos e PARENTE, Bruna Velloso. **Alienação parental e subtração internacional de menores: a cooperação jurídica internacional para a salvaguarda do direito dos filhos**. Cadernos de Direito. n. 9, pp. 199-216, jun./2018